二宮尊徳に学ぶ経営の知恵

600の村を救済した“報徳仕法”とは

大貫　章【著】

はしがき

卓越した農政家として江戸時代末期に活躍した二宮尊徳（金次郎）は、現在の栃木県や茨城県、神奈川県、福島県などで、六百を越える村々を貧困・窮乏から救済し、復興・再生させることに成功した。

尊徳の村おこしの事業は「仕法」と呼ばれ、その根底には「報徳」という倫理的な思想が据えられており、この二つを合わせて「報徳仕法」と名づけられている。

報徳仕法の理論と方法は、きわめて合理的独創的であり、また普遍的で現代的な特徴・性格を備えている。普遍的ということは、古今を問わず、洋の東西を問わず、いつでも、どこでも適用できる、ということであり、現代的ということは、二百年後の今日でも立派に通用する、ということである。

たとえば、ある村や藩の復興計画を立てるときには、過去数十年にさかのぼって――時には百八十年もさかのぼって――収穫量の変動や、人口の増減、田畑の荒れ具合などを綿密に調べ上げ、周到なデータ分析をした上で、企画立案をしている。あるいは、天保八年の大飢饉のときには、村ごとに農家の困窮の度合いを《極難》《中難》《無難》の三段階に分けて、それぞれに対応した措置を講じている。これなどは、現代の統計法のヒストグラム（度数分布図）のやり方そのものである。このような例は枚挙にいとまがない。

また、《報徳》という思想は、自然の恩徳や社会の人々の恩徳に感謝し、その恩徳に報いるために、各自がそれぞれの持ち場で最善の勤めを果たすべし、というもので、きわめて倫理的な哲学である。

さて、しかしながら、まことに残念なことに、今次大戦のあと、二宮尊徳の名前は、多くの日本人の意識や記憶の中から消え去ってしまった。〔もっとも、最近、急速に見直されるようになってきているが……〕

また、尊徳の直弟子や尊徳自身が書き残した語録や手紙、日記などは、二百年も昔の言葉で書かれているので、――直弟子の一人、相馬藩士の斎藤高行が書き残した『二宮先生語録』や『報徳外記』は漢文で書かれている――現代の私たちには、いささか近づきにくいことも事実である。

ただ、幸いなことに、戦後も永年にわたって尊徳の業績や思想を研究してこられた佐々井典比古先生（〔財〕報徳福運社理事長）が、きわめて的確な現代語訳をされているので、これらを手がかりにして、報徳仕法の理論と方法、つまり《二宮尊徳の実践哲学》を知ることができる。

私は、数年前に、偶然的なキッカケで、尊徳の業績の一端――農民たちを指導した《芋コジ》

という集団的な教育方法——を知る機会に恵まれ、それ以来、彼のことに興味を抱き、次第に関心が深まり、知れば知るほど、その思想や業績、人物などのスケールの大きさに圧倒されるようになり、今ではすっかり尊徳先生のトリコになってしまった。私に言わせれば、歴史の中に埋もれさせてしまうには、まことにもったいない大人物である。もう一度、二宮尊徳を歴史の表舞台に上げることは、彼のためにも、広く日本国民のためにも正当な復権である、と固く信じている。一人でも多くの人に尊徳の実践哲学のすばらしさを知ってほしい、と念じる次第である。

この本では、平均的な読者像として、現代日本の若いビジネスマンを想定し、そのような読者の皆さんが、この本を読み、尊徳の考え方ややり方を知って、それを日常の業務活動の中でヒントとして活かしていけるように、と配慮しながら、執筆の作業を進めてきたつもりである。

天地・宇宙を見据えた広大で深遠な哲学、人生や社会の根元的な問題を照らし出す鋭い洞察、世のため人のために尽くすことに喜びを見いだすその生きざまなど、二宮尊徳の生涯や業績や思想のすばらしさについて、一人でも多くの方に知っていただき、共感していただきたいと念じている次第である。

二〇〇六年六月

大貫　章

目次　二宮尊徳に学ぶ経営の知恵

目　次

第六章　尊徳の影響を受けた経済人たち

第一章　彼はどうやって一家を再興したか

一　若き日の苦難と克服

1　優しい両親と幸せな幼年時代

尊徳・二宮金次郎は、天明七（西暦一七八七）年七月二十三日（旧暦。新暦では九月四日）、小田原領内の足柄《あしがら》上郡《かみぐん》栢山《かやま》村で生まれた。〔親がつけた名前は《金治郎》であったが、のちに小田原藩士に取り立てられたときに誤って《金次郎》と書かれてしまい、それ以来、今日に至るまで、これが全国的に通用するものとなってしまった。本書でも《金次郎》を使わせていただくこととしたい。〕

念のため、天明七年という年がどのような時間軸にあるかをいうと、誰でも知っている赤穂浪士の討ち入り騒動があったのが元禄十五年で約八十五年前、明治維新が成って明治元年を迎えるのは八十一年後である。

祖父の銀右衛門という人が一代でコツコツと新田を開拓して、金次郎の生まれた頃には、二町三反歩あまり（約二・三ヘクタール）の田地を持ち、二宮家は村の中でも中クラスの裕福な農家であった。銀右衛門には子供がなく、金次郎の父の利右衛門は、本家から入った養子であった。

利右衛門は《栢山の善人》といわれたくらいのお人好しで、困った人から何か頼まれると、つい、情にほだされて米や金を貸してやり、後で自分が貧乏になっても、催促もできないような人だった。また、お百姓に似合わず学問好きで、よく本を読み、幼い金次郎に手習いを教えた。母のよしもごく普通の農家の女性で、子どもたちには優しい両親であった。

これらのことは、金次郎の人柄の一面を形成するのに大きな意味があったようである。のちに、金次郎自身、貧困にあえぐ多くの農民たちのために、一身をなげうって奔走するようになるが、他人の不幸を見過ごしにできない性分や、学問や哲学的な思索を好む傾向などは、親譲りの性格と幼児期の養育環境の影響が大きかったように思われる。

2　洪水による苦難の始まり

寛政三（一七九一）年の八月（旧暦。以下同じ）、金次郎五歳のとき（数え年。以下同じ）、関東地方を暴風雨が襲い、栢山村の東側を流れる酒匂《さかわ》川の堤防が決壊して、付近一帯が水浸しとなり、父・利右衛門の田はことごとく石河原と化した。ここから金次郎の苦難の生涯が始まることになった。

父の利右衛門は、砂や石で埋まった田んぼを掘り返したり、酒匂川の堤防の改修工事に出たりしているうちに、病気になって寝込んでしまった。体が弱かったのだ。この頃から一家の暮しは苦しくなり、しだいに田んぼの切り売りをするようになった。少年の金次郎は、父の代わりに堤防工事に出たり、また近くの家で子守りや手伝いなどをして家計を助けたりした。

この頃の金次郎少年の逸話として、堤防工事の働きが半人前なのを補うために、夜なべでワラジを作って村の人たちに提供した話や、松苗売りの老人から売れ残りの松苗を買って川の土手に植えた話、自分が子守りで稼いだ駄賃で父の好きな酒を買ってあげた話などが、美談として語り継がれている。誰に対しても心優しい少年だったようだ。山へ柴刈りに行く道すがらも本を懐に入れていた、というエピソードもこの頃のものである。

3　貧乏のどん底を味わう

そうこうしているうちに、金次郎が十四歳のとき、父が亡くなった。金次郎は、母を助けて、いっそう精を出して働いた。この頃が一家のどん底である。正月が近づいても、その支度ができず、お祝いのお神楽《かぐら》が来たときも、支払う十二文（約百円）のお金がなくて、家中雨戸を閉め切り、居留守を使い、母と弟二人と共に息を殺して一行が通り過ぎるのを待つありさまだった。貧乏の辛さをしみじみと味わった。

また、母方の実家でお葬式があったとき、母と金次郎の身なりがみすぼらしいので、表に上げてもらえず、台所で食事をとらされた。母のよしは、「くやしい、くやしい」といいながら家に帰り、そのまま寝込んでしまい、十日後には亡くなってしまった。よほど、辛さ、悔しさが骨身に沁みたのだろう。尊徳は、晩年になって、弟子たちにこのときのことを語るたびに、おい、おい、と声を上げて泣いたという。金次郎にとっても、貧乏の辛さ、惨《みじ》めさは生涯忘れられないほどに、骨の髄まで沁みこんでいたのである。このことも、金次郎の性格形成の上で大きな意味があったようだ。心優しいだけでは、人の世を生き抜いていくことはできないのである。

4 天地自然の恵みを知る

金次郎が母と死別したのは十六歳のときのことであった。二人の弟――友吉と富次郎――は、母方の川久保家に引き取られ、金次郎は隣に住む伯父の万兵衛の家で暮らすことになった。彼は朝早くから夜遅くまで一生懸命働いた。万兵衛は決して悪い人ではなかったのだが、居候の金次郎としては、居心地のよい生活ではなかったようだ。夜遅く行灯《あんどん》の灯りで好きな読書をしていると、「百姓に学問などいらない。だいいち、油がもったいない」と言って叱られた。

伯父さんの油を使うのがいけないのなら、自分で油を作る工夫をしよう、と彼は考えた。友人から一握り（約五勺《しゃく》）の菜種をもらい、近くの仙了川《せんりょう》の上手に植えた。やがて七升あまりの油菜が取れた。それを油屋で油と換えてもらい、夜の読書を続けた。同じ頃、近所の人が田植えのときに使い残した捨て苗を拾い、それを家の近くの水たまりに植え付けたところ、秋には一俵あまり（約六〇キロ）の米を収穫することができた。

この二つの出来事は、金次郎にとって大きな発見であった。天地自然の恵みを知ることになったのである。天地自然は暴風や洪水、日照り、冷害などの災難をもたらすが、一方では豊かな実りももたらしてくれるのだ。天地自然の恵みと厳しさ、その中で生きる人間のあり方、人間が幸せに生きていくために、われわれ人間はどうしたらいいのか。「人間は自然とどうかかわるべきか」「人間同士はどうあるべきか」。これがその後の二宮金次郎の生涯を通してのテーマとなったのである。

二　村で有数の大地主となる

１　天地自然の恵みと人間の努力

天地自然の運行には、一定の法則が働いている。太陽は東から昇り、西に沈む（地上に住む人間から見て）。冬が去れば、春が来て、やがて夏になる。土の中に草木の種を蒔《ま》けば、芽が出て、葉が茂り、花が咲く。このような天地自然の法則や働きのことを二宮哲学では「天道」という。

地球上に人類が誕生したばかりの頃、猿やチンパンジーと大差のなかったころは、人間は天道自然に対して受動的に順応するだけであった。野原や山に自然に生えている草や木の実などを採って食べるだけだった。夜になれば、岩かげや洞穴で雨露をしのいだ。暴風も洪水も、通り過ぎるのを待つばかりであった。

しかし、やがて知恵のある人たちが現れて、田や畑を作って米や麦などを栽培することを考え出した。鍬《くわ》や鎌を工夫した。家や橋や堤も作った。収穫物を蓄え残すこともするようになった。このような人間の工夫や努力のことを、天道に対して「人道」という。

人道は、基本的には天道自然の法則に従いながらも、部分的には天道自然に逆らって、堤防や用水や水車などを作っていく。二宮尊徳は、天道自然の厳粛さの中での人道の大切さを繰り返し強調している。後に次のような歌を数多く詠んでいる。

あめつちの　和して一輪　福寿草　咲くやこの花　いく代ふるとも

まけばはえ　植えれば育つ　あめつちの　あわれ恵みの　限りなき世ぞ

天《あま》つ日の　恵み積みおく　無尽蔵　鍬で掘り出せ　鎌で刈り取れ

いずれも天地自然の恵みを讃え、それに対して人道に努めることの大切さをうたっているものである。

２　天道自然の中に人道を立てる

天地自然の運行は天道であり、天理である。これに対して、人道は人為のものであり、《人倫の道》である。ものごとを自然のままに放置したのでは、動物（鳥獣）と同じであって、人間らしい生活はできず、人道は行なわれない。人道は天道とは違うが、鳥獣の道とも異なる。人道が行なわれるためには、人間としての主体的な意志や努力が必要である。そして、時には天道自然に逆らうことも必要となる。

尊徳の直弟子の一人である相馬藩士の斎藤高行は、その著『二宮先生語録』の中で、尊徳の言葉を次のように伝えている。（佐々井典比古先生の訳による）

「天道と人道とは同じではない。天道は自然であって、人道は自然ではないのだ。なぜならば、自然に任せておけば、田畑は荒れ、家屋は壊れ、衣服は破れ、溝や堀は埋まり、堤防は崩れる。人は五穀を食らうために田畑を作り、雨露をしのぐために家屋を作り、寒さを防ぐために衣服を作り、田畑に水を引くために溝や堀を作り、水害を防ぐために堤防を作るのである。

一方、また、人は生まれつき羽も毛もなく、鋭い爪も牙もない。衣服なしで裸でいることはできず、家屋なしで野宿することもできず、穀物なしで草を食らうこともできない。それで聖人が人道を立てて、安らかに生活できるようにした。もとよりこれは天道自然ではないのである。自然ではないからこそ、努めなければ続けることができないのだ」(注1・1)。

3 小を積んで大と為す

菜種と捨て苗の出来事は、もう一つの大きな教訓を与えてくれた。「小を積んで大と為《な》す(積小為大《せきしょういだい》)」という教訓である。ひらたく言えば、《チリも積もれば山となる》ということである。わずかな菜種や捨て苗も大切にして、小さな努力も怠らずに積み重ねていけば、やがて大きな収穫が得られるのだ。尊徳は、この教訓をみずから実践し、人々にも勧めた。尊徳は次のように語っている。

「大事を成し遂げようと思う者は、まず小事を努めるがよい。大事をしようとして、小事を怠り、《できない、できない》と嘆きながら、行ないやすいことを努めないのは小人の常である。およそ小を積めば大となるものだ。一万石の米は一粒ずつを積んだもの、一万町歩の田は一鍬《くわ》ずつを積んだもの、万里の道は一歩ずつ重ねたもの、高い築山《つきやま》ももっこ一杯ずつを積んだものだ。だから小事を努めて怠らなければ、大事は必ず成し遂げられる。小事を努めずに怠る者が、どうして大事を成し遂げることができようか(注1・2)」。

4　蓄財にも手腕をふるう

若き日の金次郎の話に戻ることにしよう。彼は二年ほどで伯父の家を出た。その後は、名主の岡部家など、いくつかの家に住み込んで働いた。給金がたまると、手放した田んぼを買い戻していった。二十歳のとき、自分が生まれた家の跡地に小さな小屋を建てて、そこを一応の生活の本拠とすることにした〔尊徳が生まれたときの家屋は、一家離散のときに他人に買い取られ、解体されて他所に移されていた〕。

このころから、村から約二里（約八キロ）ほど南にある小田原の町へ出かけていくことが多くなった。野菜や薪木《たきぎ》などを売りに行くことが主な目的であったが、そのうち商人や武士の家に立ち寄って、いろいろなことを見たり聞いたりするようになった。商人の家では、ソロバンや大福帳のつけ方などを熱心に勉強した。もともと器用で几帳面で勉強熱心な金次郎は、かなりいろいろなことを習得した。そのことが後でたいへん役に立った。

お金が貯まると、つぎつぎと田んぼを買い増していった。手に入れた田んぼは小作に出して、自分は相変わらず住み込みや日雇い稼ぎに精を出した。金を貸して利息を取ることも覚えた。当時、利息は年利で二割（二〇パーセント）が普通だったから、五年も経つと元利合計で二倍に増えた。年利一割（一〇パーセント）としても、複利で計算すると、元金一万円は、一年後には一万一〇〇〇円、二年後には一万二一〇〇円、三年後には一万三三一〇円、十年後には二万五九三七円にも膨れ上がる。まさに、《小が積もって大と為る》のだ。尊徳は後に「報徳金」という低利融資の方法を考え出すのだが、若い頃は普通の利息を取っていたので、金を貸すことは金次郎にとってたいへん有利な利殖法であった。

5　村でも有数の大地主となる

資産が増えてくると、心の余裕もできてきた。俳句や旅行などを楽しんだ。お伊勢参りをし、京都や大坂（大阪）を見物し、四国の金比羅《こんぴら》さんにも足を伸ばした。旅から帰ると、これまでの小屋を取り壊し、中古の材料を使って家らしい家に建て直した。

そうこうしているうちに、財産はどんどん増えていった。二十歳のときに九畝《せ》余りの田を買い戻したのを手始めに、毎年のように買い増しをしていき、二十四歳のときには所有する田地の合計が一町四反（約一・四ヘクタール）余りになっていた。これは、もう立派に一人前の農家である。さらに、三十一歳のときには、三町八反（約三・八ヘクタール）余りの田地を保有して、栢山《かやま》村の中でも指折りの大地主となっていたのである。

三　家老の服部家に若党奉公

1　恰好の奉公先を見つける

金次郎は、二十五歳のとき（文化八年）、小田原の町でまことに好都合な奉公先を見つけた。小田原藩の家老・服部家の屋敷に若党として奉公することになったのだ。三人の子息が漢学塾に通うときにお供をしたり、家に帰って復習をするときの手助けをするのが主な仕事であった。

子息が塾で宇野権《ごん》之進先生の授業を受けている間に、金次郎は窓の外に立って先生の講義を聞き、その内容を的確に理解した。当時の学問といえば儒教であるが、その儒教の教典である『大学』や『論語』などについては、子どものころから独学で勉強していたし、服部家に入る少し前に、『経典余師《けいてんよし》』という独習用の参考書を買って学んでいたので、宇野先生の講義を聞いて、いっそう理解を深めることができた。子息が家に帰って復習や予習をするときには、家庭教師のような役目も果たせるほどになった。儒教の教典である四書五経（四書とは「大学」「中庸」「論語」「孟子」、五経とは「易経」「書経」「詩経」「礼記」「春秋」）についての学習を深めたことは、後に金次郎が小田原藩の武士に取り立てられて、藩に対して報告書や企画書などを提出するときにたいへん役に立った。

2 武家の生活の実態を知る

金次郎は服部家に二十五歳から四年ほど勤めたが、この期間に彼は武家の生活――しかも家老という上級武士の生活――の実態を内側から知ることになる。

年貢というものは、農民の側から見れば、納め、支払い、差し上げるものだが、武士の側から見れば、ほとんど唯一の収入源である。農民たちが、汗水たらし、血のにじむような思いで差し出した年貢という税金が、武家の世界では、実に無計画に、ムダが多く、農民からすれば情けなくなるような使われ方をしていた。

武士の世界では、衣・食・住のすべてにわたって、格式や体面というものが重んぜられる。体裁を取り繕うために、屋敷には立派な門を構え、めったに使わない物にも飾り付けを施し、場合に応じて何着もの衣服をそろえ、来客にはたいそうなご馳走を出す。収入には限りがあるのに、支出は増える一方である。支払う金が足りなくなると、商人などから借金をしてその場をしのいでいたが、返済できる当てがあるわけではない。それでも放漫な支出はいっこうに減らそうとしないから、返す当てもないままに、借金はかさむばかりである。このような武家の生活の実態を金次郎はつぶさに知った。

3　奉公人たちへの生活指導

服部家で金次郎は子息の勉強の相手だけでなく、いろいろとこまめに立ち働いた。骨惜しみをしないのは、持ち前の性分である。奉公人たちから、いろいろと相談を受けて、それに乗ってあげた。金に困った人には、金を貸してやった。金を貸すときには、必ず返済できるように、事細かに返済計画を立てさせた。そして、そのための生活指導をこまごまと行なった。

夜なべにナワやワラジなどを作って駄賃を稼ぐことを教えた。女中さんには、ご飯の能率的な炊き方も指導した。薪《まき》は三角形に置くと節約できることを教えて、節約できた分を買い取ってやった。熱効率をよくするために、鍋《なべ》や釜《かま》の尻の炭を削り取らせて、その炭を買い上げてやった。給金がたまった人からは、それを預かり、ほかへ融資をして、利息を稼いでやった。積小《せきしょう》為大《いだい》の実践である。

掃き捨つる　塵《ちり》だに積めば　おのずから　竹の子らまで　みなふとらん

このような活動の中から、金次郎は「五常講」という信用組合のようなものを考え出した。五常とは儒教の教えの基本である「仁・義・礼・智・信」という五つの人倫のことである。五常という道徳的なルールと金銭貸借という経済的な行為とを調和させ融合させようとするもので、いかにも金次郎らしい発想である。この五常講の考え方は、その後大きく発展していくことになる。

4　技術者としても名人クラス

これまでに述べてきたところから、二宮金次郎という人物の特徴をまとめてみよう。彼は勤勉で、几帳面《きちょうめん》で、勉強熱心な努力家である。世話好きで、他人のために熱心になれる人である。経済観念や金銭感覚の発達した人であった。倹約家であったが、ケチではなかった。なお、身長は約六尺（一八二センチ）、体重は二十五貫（九四キロ）という、かなりの大男であった。

このような特徴のほかに、もう一つ忘れてならないのは、技術者としても非常に優れていたということである。小さいときから器用な子どもだった。父が病気になり、家が貧乏になって、寺子屋にも行けず、手習いの筆や紙も買えなくなったとき、小さな木の箱を作り、その上に砂を敷いて習字用の教材を発明した。家に祭る神棚も自分で作った。直径一〇センチくらいの真ん丸い球体を作り、それが長いこと愛知県鳳来《ほうらい》町の尊徳ゆかりの所に残っていたが、平成九年に小田原の報徳博物館に寄託されている〔彼は円や球に特別の関心を持っていた〕。

後年、多くの農村の復興開発事業に従事したときに、数多くの堀や堰《せき》、橋、堤防、溜《ため》池などを設計し、施工した。これらも多くのものが現在も各地に残っている。

天保十三年、五十六歳のとき、江戸幕府から幕臣として召し抱えられたが、そのときの肩書きが「御普請役格《ごふしんやくかく》」というもので、これは現代の建設技官のような役目である。最初に与えられた仕事も、利根川の水を印旛沼《いんば》から花見川を経て検見川《けみ》の近くで江戸湾へ落とすという土木工事であった。幕府は彼を土木建築技師だと思ったのだ。それほどに金次郎のエンジニアとしての腕前が名人クラスだったということである。

四　服部家の家政再建に尽力

1　入るを量《はか》って出ずるを制す

金次郎は二十九歳のとき、いったん自分の家に帰り、しばらくは家業に専念することにした。服部家を出るときに、『御家政お取り直し趣法帳』という、服部家の家政整理のための企画書のようなものを置き土産にした。その後二年ほど経ったとき、服部家から使者が来て、金次郎自身の手で服部家の財政再建を手がけてほしい、と依頼された。金次郎は、何度も辞退したのだが、ご家老様のたっての頼みだ、というので、お受けすることにした。ただし、条件として、金次郎のやり方に家中の全員が従っていただくことにした。

財政が破綻《はたん》する原因は、単純といえば単純である。収入以上に支出するからだ。金次郎は、次のような基本方針を立てた。収入に応じて支出に一定の限度を設けること、その限度内で支出を計画的に行なうこと、節約できる支出はできる限り節約することである。つまり、「入るを量《はか》って出ずるを制す」ということである。なお、この収入に応じて設定する支出の限度という考え方は、後に「分度《ぶんど》」と名づけられて、尊徳流の経営方式である報徳仕法における中心的な考え方となったのである。

2　徹底的な倹約の励行

金次郎の倹約政策は、かなり徹底したものであった。食事は飯と汁だけ。着物は木綿に限る。破れたらつぎを当てて、新しい物は買わない。神棚の灯明も五つ刻《どき》（午後七時）まで、という具合である。後に尊徳は弟子たちに次のように語っている。

「飯を炊《た》くのは少しずつがよく、一度にたくさん炊くのはよくない。もし足りなければ、そのときまた炊けばよい。薪を燃やすのも、少しずつ出してくるがよく、たくさん持ち出すのはよくない。もし足りなければ、そのときまた出してくればよい。米倉に米があり、物置に薪がありさえすれば、心配はない。これが家を富ます道である（注1・3）」。

このように、二宮尊徳は自身の私生活については、生涯にわたって質素倹約、粗衣粗食を貫き通した。そうした生活態度のためか、彼は勤倹力行の見本とされ、そこから、ケチを奨励した人のように誤解しているムキもあるようだが、尊徳は決してケチを奨励したのではない。ケチと倹約とは次のような点で大きく異なる。

まず、基本的には、尊徳のいう倹約とは、物や金、時間などの限りある資源をムダなくムリなく活かして使う、ということである。第二に、尊徳のいう倹約と世間でいうケチとが違う点は、動機・目的の違いである。ケチは《自分のため》だが、尊徳の勧める倹約は《他人のため》である。もう一つは、その目的と密接に関連しているのだが、経済的な「分度」——収入に応じた支出の限度——を設定することが尊徳のいう倹約の前提になっていることである。そして、その分度に基づいて計画的な支出を行なうことによって余剰を生み出し、その余剰を《他人のために推し譲ること》が尊徳の勧める倹約なのである。

3　武家の財政再建の難しさ

二宮金次郎が財政再建に取り組んだ服部家は、公称千二百石（収入としての俸禄米《ほうろくまい》は千二百俵）であったが、実際には約三分の一の四百三俵しか藩からもらっていなかった。当時は、小田原藩に限らず、どの藩も莫大《ばくだい》な借金を抱えて苦しんでいた。藩の支出を抑えるために、藩士たちへの俸禄（知行《ちぎょう》）は《減知》とか《借り上げ》などといって、たいへん低く抑えられていた。藩士たちも、収入の減った分だけ支出を減らすことはせずに、借金に次ぐ借金でその場をしのいでいた者が多かった。金次郎が服部家の家政整理を引き受けた文政元（一八一八）年のころには、服部家には二百十四両という多額の借金がたまっていた。これは収入の一年分を超える金額である。

金次郎は、五年半で借金をゼロにする、という計画を立てて、必死の思いで努力したが、なかなか思うようには進まなかった。全権を任されたとはいっても、ご主人様の支出を抑制することは、実際には不可能に近いことだった。奥方様が出入りの商人から高価な着物を買わされたり、急に家屋の増改築を命じられて多額の出費があったりして、ザルで水をすくうような難事業であった。

そのうち小田原藩主の大久保忠真《ただざね》公が、幕府の老中となって江戸に出府することになり、家老の服部十郎兵衛も江戸詰めとなり、予定外の出費はかさむばかりだった。文政三年に藩から四百五十九両の低利の資金を借り受けて、その金で古い借金の肩代わりをさせて急場は乗り切ったが、藩への借金は残っており、その後、さらに当主・十郎兵衛がたびたび借金を重ねたので、最終的に借金を完済できたのは、嘉永二（一八四九）年で、実に三十年以上もかかってしまったのである〔尊徳の一番弟子である富田高慶《こうけい》が書いた尊徳の伝記『報徳記』では、千両の借金を五年で皆済し、なお三百両が余ったので、そのうち百両ずつをお殿様と奥様に差し上げ、残り百両を奉公人たちに分け与えて、自分は一文も受け取らずに自宅に帰った、というように書かれているが、実際にはそんなにうまくいったわけではない」。

４　結婚と離婚、そして再婚

金次郎は、服部家の若党奉公から帰ったあと、三十一歳のとき、近くの堀之内村の娘、中島きのと結婚した。しかし、この結婚は不幸な結末に終わった。きのは、働き者で、ごく普通の女性だったが、金次郎のほうは《ごく普通の百姓》とはいい難い、並外れの人間だったからである。服部家の財政再建に取り組むようになってからは、ほとんど家にいることはなく、きのは、ただ一人で心細く家を守った。さらに悪いことに、結婚後二年目に生まれた長男の徳太郎が一か月足らずで死んでしまった。先行き不安になったきのは、離婚を申し出たのである（文政二年、金次郎三十三歳）。

この離婚に責任を感じたのか、服部家が再婚の相手を世話した（文政三年、金次郎三十四歳）。服部家の女中をしていた女性で、酒匂《さかわ》川の東側、飯泉《いいずみ》村の岡田峯右衛門の娘なみ（十六歳）である。年齢は大きく違ったが、なみはなかなかのしっかり者で、また金次郎のことをよく知っていたので、今度はうまくいきそうであった。二人は生涯を共にし、なみ夫人は後に賢夫人と称《たた》えられるようになったのである。

五　父の悲願、升の標準化

1　藩の政治にも関心を示す

小田原藩主の大久保忠真《ただざね》公は、天明元（一七八一）年の生まれで、金次郎より六歳年上である。十六歳で小田原藩主となり、その後、大坂城代や京都所司代などの出世コースを経て、文政元年には幕府の老中に就任した。忠真公は、京都から江戸へ赴任する途中で、小田原に立ち寄り、領民たちに対して、日常生活の心構えなどについて、あらまし次のようなお布令を出した。

◇悪い習慣に流れず、本心から精出し、良風を失わないこと。
◇おごることのないようにつねづねに慎むこと。
◇名主、村役人は、物事を正しい筋道に運び、百姓たちへ無理なことをしてはならぬこと。
◇藩の役人が領内の村々へ出張するときには、所定の方式に従い、余計な入用は掛けないこと。
◇役人が威張って無理な談判や難渋なことを申し付けるものがあれば、申し出ること。

これは、「農政六か条」と呼ばれるものの一部であるが、金次郎はその写しを何通も作って、友人や知人などに配った。藩の政治に対しても強い関心を抱くようになったのである。

2　善行表彰で自他を振り替える

大久保の殿様は、農政六か条の布告と同時に、領内の模範篤農家や善行者の表彰を行なった。金次郎も《耕作に精を出し、他の見くらべ（手本）となるべき者》として、その一人に選ばれた。そして、その表彰式が文政元年十一月に酒匂《さかわ》川の川原で行なわれた（金次郎三十二歳）。表彰文には次のように書かれていた。

「かねがね農業に精を出し心がけがよろしいと聞いている。大変よいことで、その身はもちろん、村のためにもなり、近ごろ惰弱な風俗がはびこる中で、とても奇特なことであり、ほめておく〔意訳〕」

この中の、「その身はもちろん、村のためにもなり」という文句に彼は心を打たれた。これまで自分は、もっぱら《自分のため》と思って努力してきたのに、それが《世のため、人のため》にもなっている、と殿様からほめられたのだ。そうであれば、これからは自、他、を、振り替え、て、《世のため人のため》に精を出しても、それが《自分のため》にもなるはずだ、と発想を転換することにしたのである。

この出来事は、かつて金次郎が若いころ（十八歳くらいのころ）、飯泉《いいずみ》の観音堂で、旅の僧が観音経を国語のように読み下して読むのを聞いて、観音経の内容を理解できたときの感激をよみがえらせた。観世音菩薩《かんぜおんぼさつ》は、世間の人々の嘆き苦しむ声を聞き届け、身を変え姿を変えて、衆生《しゅじょう》を済度《さいど》しているのだ。あのころの自分は、観音様にわが家の再興をお願いしていたのだが、おかげさまで、一家が再興でき、殿様からごほうびも頂いた。これからは、観音様にあやかって、自分が世間の人々のために役立とう、と心に決めたのである。

3　升の標準化で減税を実現

年貢の収納を巡っては、とかくお武家とお百姓の間で揉《も》めごとが起こりやすいものである。例えば、一俵の分量は本来は四斗《と》が普通だが、検査のときに、《計りしのぎ》と称して「もう一杯、もう一杯」と余計に入れさせられて、当時は四斗三升《しょう》くらい取られるのが通例となっていた。また、藩が検査して収納するときに使う升《ます》にしても、小田原藩では十八種類もあり、少しずつの誤差もあって、とかく泣かされるのはお百姓であった。

金次郎は、父の利右衛門が「あれは困ったものだ。なんとかならないものか」と嘆いていたのを聞いて、子ども心に胸を痛めていた。文政三（一八二〇）年九月、金次郎が三十四歳のとき、家老・服部十郎兵衛の口添えで、金次郎は大久保の殿様に対して、升を標準化することを進言し、聞き届けられた。

その升というのは、三杯で四斗一升になる、という風変わりな升であった。つまり、四斗プラス一升までは百姓も我慢しますから、それ以上は取らないでください、ということである。殿様もそれを了承し、実際に使用されることになった。お百姓からすれば、これまでより一俵につき二升の得であるから、約五パーセントの減税を獲得したのと同じことになるわけである。

4　実に精密な計数感覚

三杯で四斗一升になる、という奇妙な升を作るためには、複雑な計算が必要だ。米という字にちなんで深さを八寸八分にすると、タテとヨコの長さは、和算で開平（平方根）を計算して、一尺〇〇三里三毛になる。

制作するのも大変である。金次郎は江戸の升の問屋に依頼したが、断られた。そこで小田原城下の指物大工に特別注文をし、金次郎が付ききりで指図して作成に当たった。でき上がった升で実際に検算してみたところ、米粒の数は計算上の二百六十五万七千九百七粒よりほんのわずか多かったものの、三杯でピタリ四斗一升になった。

新しい升は急いで作成され、その年の年貢収納に間に合った。扱いやすく、誤差がなく、役人による取られすぎが予防され、五パーセントの減税が達成できて、お百姓たちからたいへん喜ばれた。また金次郎も父の遺志を実現できて、喜びをかみしめることができたのである。

六　信義と誠実の《五常講》

1　小田原藩士のための五常講

借金で苦しんでいたのは、家老の服部家だけではない。小田原藩士のほとんどが似たような状態であった。中でも下級藩士たちは、内職用の傘や提灯《ちょうちん》の材料代にも事欠き、米屋へのツケも滞ったままの者が少なくなかった。金次郎は服部家をはじめ小田原藩士たちの窮状を救うために、大久保の殿様から大金を借り出すことを思いつき、藩の賄方《まかないかた》家老の吉野図書《ずしょ》の屋敷を訪ねて相談をもちかけた。実は殿様のほうでも同じようなことを考えていたので、話はトントン拍子《びょうし》に運んだ。

殿様のお手元金から千両を借り受け、金次郎が運用を任された。このうちから四百五十九両余りを服部家が借り入れ、二百十両余りをほかの重役たちに貸し付けた。いずれも年利八朱（八パーセント）という当時としてはかなりの低利だったので、低利の新しい借金で高利の古い借金の肩代わりをさせることができた。償還期限も十年から十五年の長期にして、その間に各自が家計を立て直せるように図った。

また、残りの三百両を原資にして、かって服部家で奉公人たちに対して行なった「五常講」のやり方を小田原藩の下級武士たちのために実施することを考えついた。

2　道徳と経済を融合させる

五常とは、儒教の基本的な五つの徳目《仁・義・礼・智・信》のことである。仁とは、仁愛・慈愛・慈悲の心。義とは、正義を貫き、筋を通すこと。礼とは、礼節を重んじ、人を敬うこと。智とは、道理・真理・真如を正しく把握する知恵のこと。信とは、誠・真心・信頼の心である〔なお、言うまでもないことだが、礼とは《人と人とが互いに敬い合うこと》であって、《目下が目上を敬うこと》という一方的なものではない〕。

五常講とは、このような倫理的道徳的な自覚の上に立って、金銭の貸し借りをしようとするものである。小田原藩士たちを百人単位のいくつかの大きな組に編成し、それらの組をさらに何人かずつで小さな班に分け、無利息で、一人一両から三両までを貸し付け、百日ずつの期限で順ぐりに回していく。返済しない者が出たときは、講の仲間が連帯保証で弁済するのである。

借りた者は、借りたときの感謝の気持ちを忘れずに、きちんと返済すれば、それが仁義礼智信の徳を実践したことになるのだ。権利の行使や義務の履行は信義に従って誠実になされるべきである、というのが二宮尊徳の考え方である。道徳的なルールと経済的な行為とを調和・融合させようとすること〔道徳経済一元〕は、二宮哲学の大きな特徴の一つである。

3　借りて喜び、貸して喜ぶ

人間というものは、衣食住が満ち足りていると、心が穏やかになり、人とも仲良くやっていけるものだが、生活が苦しいと、とかく世間を恨んだり、他人を羨《うらや》んだり、ひがみ、ひねくれ、ふてくされ、などの煩悩《ぼうのう》の心が生じやすい。

金を借りるときも、屈辱的《くつじょくてき》な気持で借り受け、返す段になると、《借りたものは貰《もら》ったもの》と言わんばかりに返すのを渋り、ついには踏み倒してしまうことも少なくない。貸すほうも恩着せがましく貸付け、貸し倒れの損を見込んで高い利息を要求し、元利の取り立ても冷酷《れいこく》になりがちである。

人と人との関係の中には、物を売ったり買ったり、金を貸したり借りたり、という関係は、決して少なくない。このような経済的な行為も、仁義礼智信の道徳的倫理的な基準に従ってなされるべきなのだ。そうすれば、「売って喜び、買って喜ぶ。借りて喜び、貸して喜ぶ」(注1・4)という「自他両全（我もよかれ、人もよかれ）」の理想が実現するはずだ、と尊徳は考えたのである。

【第一章の注】

（注1・1）斎藤高行『二宮先生語録』八〇（佐々井典比古訳、一円融合会刊、以下同じ）

（注1・2）『二宮先生語録』三〇二

（注1・3）『二宮先生語録』七二

（注1・4）福住正兄『二宮翁夜話』一〇一（佐々井典比古訳、一円融合会刊〔なお、『二宮翁夜話』の章番号は、この一円融合会刊のものによる。岩波文庫版や『二宮尊徳全集』の番号とは異なる〕以下同じ）

第二章　彼はどうやって村々を救済したか

一　四千石の旗本領を立て直す

1　殿様からのたっての頼み

徳川の幕藩体制は、五代将軍綱吉の元禄時代を頂点にして、その後は衰退の一途をたどっていた。米の増産や年貢収納の増加が限界に達する一方で、商品生産や商業活動が盛んになり、消費のための支出は増大するばかりで、収入の不足を補うための借金は、返済できる当てもないままに膨張するばかりであった。

老中・大久保忠真《ただざね》公は、幕府をはじめ諸国諸大名の財政窮乏に頭を悩ませていたが、国許の小田原領内の困窮にも心を痛めていた。小田原藩もご多分にもれず、大坂（大阪）の鴻池《こうのいけ》をはじめ多くの商人から莫大な借金をして、その返済に苦慮していた。

こんな忠真公の脳裏に、栢山《かやま》村の百姓・金次郎の名前が浮かんできた。天涯の孤児から身を起こし、村でも有数の大地主となり、酒匂《さかわ》川原で表彰され、服部家の財政を立て直し、藩内の斗升《とます》を改良し、八朱貸付けや五常講によって藩士たちの窮状を救済したこの男なら、藩財政の再建を任せることができそうに思われた。

そのことを重臣たちに話したところ、「とんでもない。百姓を武士の風上に置くことなどできません」と猛反対された。それならば、と、下野国《しもつけのくに》（栃木県）にある分家筋の桜町領の復興をやらせてみることにした。家臣を通じて殿様の意向を伝えられた金次郎は、固く辞退したのだが、忠真公はあきらめずに何度も依頼してきたので、「では、調査だけでも」とお受けすることにした。（文政四年、金次郎三十五歳）

2 当時の農村の荒廃ぶり

桜町領とは、大久保家の分家・旗本宇津《うづ》家の知行地で、物井・横田・東沼の三か村（現在の栃木県芳賀《はが》郡二宮町、一部真岡《もおか》市）のことである。石高は公称四千石（納入される年貢は《四公六民》として四千俵）。元禄年代には戸数が四百戸、人口が千九百人、年貢が三千百俵余りあったが、およそ百年後の文政四年には、戸数は百五十六戸、人口は七百四十九人、年貢は千五俵（百年前の約三〇パーセント）に激減していた。領主の宇津釩《はん》之助は役務に就いて出仕することもできず、何かと大久保家に厄介をかけているありさまであった。

農村がこのように荒廃していたのは、桜町に限らない。長年にわたる過酷な年貢取り立てのために、ほぼ全国的にどの村も同じような状態であった。「百姓と胡麻《ごま》油は、搾《しぼ》ればしぼるほど出る」と豪語したのは、八代将軍吉宗の享保時代の勘定奉行・神尾《かんお》春英である。搾り取られるお百姓たちは哀れだ。ふだんでも、食うや食わずの者が少なくないのに、ひとたび凶作になったりすると、餓死する者が続出する。たまりかねて一揆によって年貢の軽減を要求しても、ほとんどが失敗か一時的な勝利に終わる。首謀者は処刑され、あとには重苦しい雰囲気が村の中を支配する。お百姓たちは勤労の意欲をなくし、やがて夜逃げ（欠落《かけおち》、逃散《ちょうさん》）をする者が続出する。残された田畑は荒れたままに放置されることになるのだ。

3　年貢倍増十年計画を立案

金次郎は、文政四年だけでも前後四回にわたり、現地・桜町と宇津家の江戸屋敷などを訪れ、現地の実態や領主側のこれまでの施策の状況などを丹念に調査した。元禄年代から現在までの年貢収納の変動や、人口の増減、田畑の荒れ具合、用水や排水の状況、各農家ごとの耕地面積や家族構成、借金の有無などを綿密に調べ上げた。

年貢収納の最近十年間の平均は九百六十二俵であり、つまり、これが桜町領の現在の実力ということである。それを実力以上に徴収しようとするから、お百姓たちが勤労意欲をなくして、田畑が荒れ果てるのだ。ただし、この実力はこれまでの悪政の結果である。これから善政を行なうことによって、お百姓たちが本来の勤労意欲を取り戻し、荒れた田畑が以前のように開発されるならば、二千俵くらいの収納は確保できそうな見込みであった。そこで、金次郎はあらまし次のような報告書をまとめて殿様に提出した。

今後十年間はご領主に納める上納米の限度――これを「分度」という――を文政四年実績の千五俵と定めて、それ以上は上納させないこと。そして、お百姓たちの努力によって増収できた分は、年貢としては徴収するけれど、それを上納せずに金次郎が預かり、上納分との差額を村のために役立て、荒地の開発や用水のための費用などに回すようにすれば、十年後には年貢は二倍に増える見込みです。

つまり、分度とは、①過去十年間の年貢収納額の平均値であり、②今後十年間領主に上納する限度額であり、③増収となった場合は、年貢は従来通りの比率で――たとえば四公六民で――徴収されるので、増収となった年貢収納額と分度――すなわち上納限度額――との間に差額を生じ、この差額は「分外」（または分度外）と呼ばれ、この分度外の余財が荒地開発などの投資の資金となる。④なお、十年間固定された上納額は「分内」（または分度内）と呼ばれる〔図2-1を参照〕。

図2-1

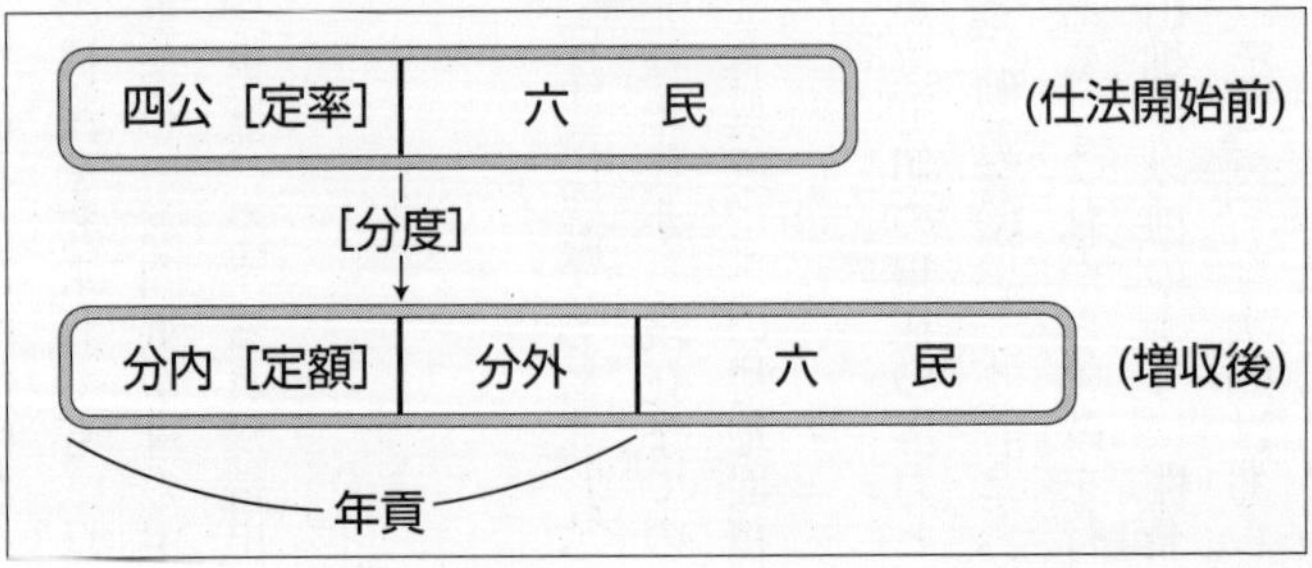

4　小田原藩士に取り立てられる

金次郎の提案は小田原藩によって正式に承認された。文政五（一八二二）年三月、彼は武士に取り立てられ、桜町領復興の任に当たることになった。肩書きは《名主役格》、俸禄は二十俵二人扶持《ぶち》である。

このほかの条件として、小田原藩から毎年米二百俵と金五十両を復興費用として支給する、十年間は金次郎に一任する、いちいち報告しなくてもよい、途中で呼び戻すことはしない、などが決められた。領主の宇津釩《はん》之助からも「前書のとおり十か年の間、任せ置くものなり」というお墨付きをいただいた。

尊徳は任務の重さを自覚しながら、自分が世の中の役に立つのだ、という実感をかみしめた。なお、文政四年九月には男の子・弥太郎が誕生して、彼の身辺は公私共にあわただしくなってきた。

二　《村おこし》のいろいろな施策

1　村おこしの事業始まる

文政五年四月、尊徳はとりあえず単身で桜町へ赴任し、住居となる陣屋の建物を修理したり、村の中を巡回したりしたが、いったん栢山《かやま》の自宅へ帰った。そして、数か月をかけて、これまでに自分が営々として築き上げてきた全財産――田畑や家財諸道具の一切合切《いっさいがっさい》――を売り払い、その代金およそ七十二両を桜町領復興事業の資金に当てることにした。

翌文政六（一八二三）年三月、尊徳三十七歳のとき、なみ夫人と息子の弥太郎（三歳、満で一年六か月）を連れ、《一家を廃して万家を興こす》という壮烈な決意を抱いて、桜町の陣屋に着任した。ここから実質的な村おこしの事業が始まることになる。この村おこしの事業は「仕法」と呼ばれる。

尊徳は朝早く起きて、村の中をぐるぐると巡回した。これを「回村」という。会う人に声をかけ、農家に立ち寄り、時には営農指導や生活指導をした。田起こしや、草取り、草刈りなどに精を出している者を見かけると、「表彰」した。褒美《ほうび》としては鍬《くわ》や鎌《かま》などを与えた。時には大きな褒美として、小屋を建てたり、家を増改築したり、農道への橋を直してやったりした。一年間の年貢免除（田方作り取り）という褒美を与えたこともあった。尊徳のやり方は、やる気のない者を叱咤激励《しったげきれい》するのではなく、――たまには、そういうこともあったが――意欲の高い者を表彰して、意欲の低い者がしだいに感化されていくようなやり方であった。このやり方は、その後も一貫して続けられた。

2　低利融資で経済的自立を援助

桜町領三か村のお百姓たちの中にも、多額の借金をして苦しんでいる者が少なくなかった。農村の日常生活の中では、現金を必要とする機会はあまり多くはないのだが、それでも農機具を買ったり、木綿機織《もめんはたおり》の材料を仕入れたり、干鰯《ほしか》という高価な肥料〔イワシやニシンの油を搾り取ったもの〕を買ったりするためには、現金が必要であった。

購入代金が不足すると、問屋などから借金をした。また、年貢を《先納》するための借金などもかさんだ。こうした借金が、長い年月の間に積もり積もって、物井・横田・東沼の三か村でおよそ六百六十両になっていた。

尊徳は小田原で藩士たちを救済した五常講のやり方をさらに発展させて、お百姓たちが経済的に自立できるような方法を考え出した。「無利息金貸付け」と名づけた方法で、借り入れた人はその金で古い借金を清算して、元金を年賦で償還するというものである。

例えば、五両を借りた人は、毎年一両ずつを五年間で返済する。そして、お礼の気持ちを込めて、もう一年分を冥加金《みょうが》として納める。この冥加金は感謝の気持ちを表すお礼のお金であって、決して利息ではないのだが、仮に利息とみなしても、現代的にアドオン方式で計算してみると、約三・三パーセントの低利に相当する。このやり方は、やがて「報徳金」という制度として確立していくことになる。

3　入植者を招いて荒地を開拓

米の収穫量を増加させるためには、お百姓たちがやる気を出すだけでは限度がある。収穫を大きく増やすためには、放置された荒地を開墾することが必要だ。そのための人手は、村の中からも近くの村からも調達できる。お百姓たちにとっても、借金返済のための賃金稼ぎができて助かるわけである。

しかし、それでも殿様（大久保忠真《ただざね》公）と約束した年貢倍増には追いつかない。そこで、尊徳は越後（新潟県）や加賀（石川県）から希望者を募って、桜町に入植させることにした。入植した人たちが定着しやすいような方法もいろいろと講じた。

重点的に開発を進めていた横田村目貫《めぬき》島地区への用水を便利にするために、村の西側を流れる五行《ごぎょう》川の上流に大きな堰《せき》（横田大堰）を築いた。また、桜町領のほぼ中央を流れる穴川の中程の所にある三の宮堰を大幅に改修した。
入植者たちは、故郷を出る時に覚悟を決めているから、一生懸命に精を出す。精を出せば、それだけ成果が上がり、尊徳からも認められ、ますます精を出すことになる。

4 村落共同体を再構築

農村というものは、稲作・農耕が始まった当初から、本来的に共同体である。田を開き、畦《あぜ》を立て、用水路を引くような作業は、個人ではできない。田植えや屋根の葺《ふ》替えなども、互いに労力を出し合って共同作業で進めるのが古くからの習わしである。しかし人々が意欲をなくし、心が荒れすさんでいる時は、互いの心を結ぶ絆《きずな》がちぎれてバラバラになる。尊徳が赴任したころの桜町がまさにそうであった。

しかし、尊徳の目からすれば、それは本来の姿ではなく、これまでの悪政の結果なのだ。彼は人々の勤労意欲を掘り起こしながら、村落共同体の再構築をめざした。そのための方法として、村で行なわれる《寄り合い》を活用した。彼はそれを「芋コジ」と名づけた。《芋コジ》の本来の意味は、里芋を水といっしょに桶に入れて、コジ棒でゴロリゴロリとこじりながら、汚れを洗い落としていくことである。尊徳は寄り合いでの話し合いが、芋コジと同じような作用をし、人々の心を清浄にして、村人同士が互いに協力し合っていけるように指導したのである。

表彰や貸付けも芋コジの場で投票（入れ札）で決定した。のちには名主や組頭も投票で選出するようになった。現代風にいえば、まさに直接民主主義のやり方である。

5 村内の新旧勢力の対立

桜町での村おこしの事業は、決して順調に進んだわけではない。むしろ困難の連続だったと言ったほうがよいであろう。お百姓たちから見れば、尊徳はご領主の手先であり、少しでも多くの年貢を取り立てるためにやって来た人物だ。警戒心や反感を抱くのも無理はない。

しかし、時が経つにつれて、尊徳がやろうとしていることを理解し、協力する人も増えてきた。もともと真面目《まじめ》で勤勉な人たちも少なからず存在した。弥五郎、甚左衛門、七郎次、忠治、岸右衛門などの人たちである。〔なお、岸右衛門については『報徳記』では、前半は仕法の妨害者で、後半は協力者になったように書かれているが、最近の調査・研究では、当初からの協力者であったことが明らかになっている。〕

越後や加賀からの入植者（入り百姓）たちは、人一倍精を出して働いた。尊徳も彼らが定着しやすいようにいろいろと世話を焼き、農具や種籾《たねもみ》などを与えたり、小屋を建ててやったりした。ところが、この入植者優遇策が昔からの地付きの人たちの嫉妬や敵意を招くことになった。彼らは悪質な意地悪をしかけて、新参の入植者たちを追い出そうと謀った。

もともと日本の社会は、農村に限らず、どの社会・集団でも、たいへんに閉鎖的である。他《よ》所者《そ》に対しては排他的で、新参者に対しては冷酷だ。この点では、昔も今も少しも変わらない。他国から桜町領へやって来た入植者たちに対して、旧来の村人たちは、きわめて冷淡に、時には残酷に取り扱った。ほとんど村八分と変わらないような扱いだった。冠婚葬祭の時でも、さまざまな差別を設けて、仲間として受け入れようとはしなかった。

また、古くからの村人同士でも、対立が目立つようになった。名主や組頭が投票で選出されるようになると、選から外れた従来の村役人たちが不平分子となり、尊徳の仕法に反対するようになった。

6　小田原藩士たちの妨害

江戸にいる宇津家の家臣や小田原の藩士たちの中にも、尊徳のやり方に反感を抱く者は少なくなかった。尊徳や村人たちの努力によって桜町での増産が達成でき、村の中が活気づくようになっても、自分たちの俸禄は「分度」とやらのために低く抑えられたままだ。金次郎の仕法は、《上を損し下を益する野州論《やしゅう》》として公然と反対する者が力を増してきた。

文政八（一八二五）年の凶作の時には、こんなことがあった。小田原藩と取り交わした委任契約書では、不作の年の年貢については別途考慮することになっていたので、この年の年貢収納のために小田原藩から派遣されてきた代官・高田才治に対して、尊徳は藩との約束を盾に、年貢を軽減するように要請した。ところが、高田は頑《がん》として耳を貸そうとせず、容赦なく高い年貢を取り立てていった。

このことが領内の仕法反対派の不満を増幅することになった。また、尊徳に協力してきた人たちにも、少なからず失望感を与えた。せっせと米の増産に励んでも、結局、皆、ご領主様に持っていかれてしまう。しょせん、尊徳も最後までは自分たちの味方にはなってくれないのだ。

それに、次のような事情も軽視できない。尊徳の前にも桜町復興のために来た役人は何人もいたが、皆失敗して帰って行った。ところが、百姓上がりの金次郎は成功しそうな気配なのだ。彼に成功されたのでは、武士としての面目は丸潰《つぶ》れである。

このような状況の中で、文政十（一八二七）年十二月、豊田正作という役人が尊徳の上役として着任した。彼は決して邪悪な人間ではなかったが〔『報徳記』では、そのように書かれているが〕、将棋の香車《きょうす》のような性格で、思い込んだら一直線に突き進むタイプだった。小田原の尊徳反対派にけしかけられて、「刀に賭《か》けても金次郎の仕法とやらを潰してみせる」と意気込んで桜町にやって来た。

この豊田正作と村内の反対派とが結託し、彼らは露骨に尊徳の仕法を妨害した。喧嘩沙汰や土地争いなどが目立って増え、入植者たちの逃亡（欠落《かけおち》）も相次いで起こった。事業半ばにして、尊徳は大きな難関に直面することになったのである。

7 成田山に籠《こ》もって断食祈願

文政十一（一八二八）年五月、尊徳は長文の辞職願いを書いて小田原藩に提出した。その中で、彼は次のように述べている。

「……桜町が今のように疲弊したのは、百姓たちの将来の困難を考えず、殿様に手柄顔をしたいために、年貢増強にばかり努力するひどい家臣による悪政の結果です。……その罰が天に通じたのか、百姓は夜逃げをし、村の人口は減り、耕作放棄の荒地が増え、やがて廃村となることは天地自然の道理です。……聚斂《しゅうれん》の臣（過重な租税を収奪する家臣）よりは盗臣（公金を横領する家臣）のほうがまだましです（注2・1）」。

これは意気消沈して辞任を申し出た願書というよりは、藩当局に対して何かの決断を迫る挑戦状のようなものである。ところが、藩内の人事異動のゴタゴタに紛れて、尊徳が心血を注いで書いたこの願書は、誰の目にも触れることなく放置されたままだった。

やがて、そのことを知った尊徳は、自分の意志を藩の中枢——できれば大久保の殿様——に伝えるためには、別の手を講じなければならないと考えるようになった。

文政十二年正月（尊徳四十三歳）、江戸で年始の挨拶を終えて村役人たちと別れたあと、尊徳は雲隠れをしてしまった。行方不明の状態が二か月ほど過ぎた三月の中ごろ、下総国《しもおさ》（千葉県）にある成田山新勝寺の門前の旅館・佐久良屋《さくら》に《小田原藩士・二宮金次郎》と名乗り、七十二両もの大金を預けた大男が現れ、尊徳の所在が判明した。すぐに尊徳は三七日《さんしちにち》〔つまり二十一日間〕の断食に入った。

その間に事態は好転した。豊田正作は小田原に呼び戻され、代わりに横山周平と小路《こうじ》只助が着任した。この二人は尊徳のよき理解者であった。また、尊徳の覚悟も成田山の本尊・不動明王のように確固たるものとなったのである。

8　不動心で試練を乗り切る

成田山での断食祈願をきっかけにして、仕法はほぼ順調に進展するようになった。反対派は勢いをそがれ、協力派が勢力を拡大した。小田原や江戸でも公然と仕法に反対する者はいなくなった。

他国からの入植者たちも安心して定住するようになった。村の人口は十年の間に八十人ほど増え、それだけ荒地の開墾も進展した。殿様との約束の十年目に当たる天保二年には、年貢収納額は千八百九十四俵になった。目標の二千俵にもう一歩だ。目標達成率は約九五パーセント。まずまずの成績といってよいであろう。

また、成田山での二十一日間は、尊徳が自分の思想を練り上げるのにもおおいに役立った。これまでの体験を集大成して、尊徳の思想はいっそう円熟味を増してきた。

見渡せば　敵も味方も　なかりけり　おのれおのれが　心にぞある

打つ心　あれば打たるる　世の中よ　打たぬ心の　打たるるはなし

このように澄み切った心境になれたのも、成田山参籠の前後の試練に対して、血のにじむような思いで対決し克服したことの成果である。

尊徳は成田山で頂いてきた不動明王の画像を家の中に掛けて、生涯にわたって大切に供養《くよう》していたが、後に次のように語っている。

「私は壮年のころ、小田原侯の命を受けて野州《やしゅう》・物井の陣屋に来ました。土地は荒れ果てて、手のつけようもありません。そこで、成功してもしなくても、生涯ここを動くまいと決心しました。たとえ事故が起きて背中に火が燃えつくような場合に立ち至っても、決して動くまいと、死をもって誓ったのです。ところで、不動尊は《動かざれば尊し》と読みます。私はその名前と、猛火が背中を焼いても動かないその姿とを信じて、この像を床の脇に掛けて、決意を妻子に示したのです。不動仏にどんな功験があるのか知りませんが、私が今日までやってこられたのは、不動心の堅固という一つにあります(注２・２)」。

三　仕法の輪、各地に広がる

1　常陸国・青木村の仕法

　天保二（一八三一）年十一月、尊徳四十五歳の時、桜町から東へ約三里（一二キロ）の所にある青木村のお百姓たち三十七人が、名主の勘右衛門を先頭に尊徳の許へやって来た。青木村は常陸《ひたち》国にあり（茨城県桜川市）、旗本・川副《かわぞえ》勝三郎の所領十か村のうちの一つである。ここも以前の桜町と同様に荒れ果てた村になっていた。桜町での仕法の評判を聞きつけて、「青木村にも仕法を実施して欲しい」と嘆願してきたのだ。

　尊徳は「仕法というものは、ご領主の依頼によって行なうものであり、お百姓が勝手にやるべきものでない」と断ったが、「せめて自分たちでできることだけでも」と強く懇願したので、尊徳も心を動かされ、できるところから手助けしていくことにした。手始めに村の中の茅《かや》を刈り取るように言いつけ、村人たちの熱意を確かめた。その茅を高い値段で買い上げて、それで農家や寺や神社の屋根を葺《ふ》き替えてやった。

2　報徳仕法の原理の確立

天保四（一八三三）年二月、川副家の用人・並木柳助が領主の書状を持って尊徳を訪ね、正式に仕法を依頼した。尊徳は過去十年間の年貢収納額の平均を計算し、米八十五俵（および畑作物からの金納分三十三両）を青木村の租税定額（分度）と定め、増収によって生じた余財を開発の資金に充てる約束で仕法を開始した。

村人たちの意欲に支えられて、仕法は順調に進んだ。やり方は桜町仕法とほぼ同様だが、「報徳」という思想的な基盤ができたので、貸付金は「報徳金」と名づけられた（《報徳》については、第三章『実践哲学としての《報徳訓》』を参照のこと）。

「報徳仕法」と呼ばれる尊徳流の村おこしのやり方は、ほぼこの頃に原理が確立された。尊徳は青木村の人たちに次のように語っている。

「私の方法は、勤労によって収入を増やし、倹約によってムダな支出を減らし、それによって余財を産み出し、その余財を村のために役立てていく。そうすれば、村人たちも家業に精を出し、悪いことをせず、良いことをするようになり、家々も豊かになり、村も繁栄する（注2・3）」。

この考え方は、「勤・倹・譲」という言葉で要約される。勤労こそが付加価値を産み出す源泉である。勤労によって得た収穫・収入に応じて、支出に一定の限度（分度）を設定し、その範囲内で計画的にやりくりをするのが「倹」の生活法であり、経営法である。「譲」とは、勤・倹によって生じた余財を将来のために譲り残し、他人のために推し譲ることである。この「譲」という思想は、その後さらに発展していくことになる。

3　かくして一村は復興する

仕法がどのように行なわれたかについては、斎藤高行の『報徳外記』がきわめて簡潔に、次のように書いている。〔以下、要約〕

「まず初めに分度を立ててから、復興の事業に取りかかる。その進め方には順序があり、領内の一つの村から始める。それには次のようなやり方をする。

一　善行者を表彰する。

二　困窮している人を援助する。

三　土地の改良に力を尽くす。

四　村民を教育感化する。

五　貯蓄を奨励する。

まず投票によって善行者を表彰する。賞金や農器具を与えたり、無利息金貸付けによって家計を安定させたり、家屋の増改築をしてやったりして、一村の模範であることを大いに表彰する。

次に、経済的に困窮している者や、病気・水害・火災などに遭ったものについても、投票によって対象者を選定し、米や麦を支給したり、種籾《たねもみ》を与えたり、馬の貸し出しをしたりする。

村民を教え導くためには、指導者が自ら早起きして村の中を巡回したり、日掛け縄《なわ》ないの法など、ごく簡単にできることから始めて、勤・倹・譲の心構えを教え諭していく。

このようにすれば、勤勉な者はますます精を出し、怠惰な者は感化されて勤勉になり、乱暴者もおとなしくなり、荒地はひらけて田畑は整い、野火が出るようなことはなく、村には破損した家はなくなり、馬小屋や便所も立派になり、家ごとに生活は安定し、互いに友愛の心が厚く、村の気風は良好なものとなる。このようにして一村は復興するのである。(注2・4)」

4　桜川堰工事の語り草

青木村の西を桜川が流れている。村の用水にはこの川から水を引いていたが、川底や土手は細かい砂地で、堰《せき》を築いても崩れやすく、悩みの種になっていた。村が衰退した原因の一つも、尊徳に仕法を依頼した目的もそこにあった。

尊徳は実地を検分し、実に独創的な用水堰の工事を考案した。川岸に石をたくさん用意し、川幅いっぱいに茅葺《かやぶき》屋根のようなものを作り、それを川底に沈めて、その上に石をいっせいに投げ込ませた。こうやって仮工事を仕上げてから、本工事に取りかかった。

工事にあたっての人夫の使い方も、まことにユニークなものだった。賃料を相場の二倍から三倍の高額にし、酒や餅をふんだんに飲み食いさせた。人々は《極楽普請《ごくらくふしん》》と呼んで仕事に精を出し、短期間の突貫工事で堰を完成させた。結果として全体の費用はかなり少額で済ませることができた。尊徳の評判は遠くの村まで伝わっていったのである。

5　領主の無理解による挫折

青木村の仕法はほぼ順調に進行した。荒地の開発は進み、米の収穫は増大し、天保四（一八三三）年と七（一八三六）年の凶作も無事に乗り切ることができた。しかし、すべてが順調にいったわけではない。むしろ、結果としては失敗というべきだった。その原因はいくつかあるが、最大の原因は領主側の無理解によるものである。

青木村は川副《かわぞえ》家の領内十か村の一つだったから、たとえ青木村が豊かになっても、川副家の財政は安定しない。村としての租税定額は定められていたが、川副家の分度は確立されておらず、領主の浪費を抑制する歯止めがない。川副家は江戸の屋敷が焼けたことや、日光社参に費用がかかることなどを口実にして、次々と村方《むらかた》へ賦課《ふか》金を要求したり、年貢を先納させたりした。〔日光社参とは、老中・水野忠邦の提唱で執り行なわれたもので、幕府の威信を天下に誇示するために、将軍家慶《いえよし》が武装した諸大名や旗本八万騎を引き連れて、日光東照宮に参詣《さんけい》するというもので、莫大な費用を必要とした。〕

村人たちはこれに反発して、駕籠訴《かごそ》（直訴《じきそ》）をしたり、近くの山へ立てこもって気勢を上げたりしたが、領主側は用人の解任と交代を頻繁に繰り返すだけで、何ら有効な手を打つことはできなかった。結局、尊徳が報徳金を長期に貸し付けることによって危機的な事態はひとまず回避できたが、この時に限らず、その後の各地での仕法の指導に際しても、領主や家老など指導的支配的な人々の無能や横暴による尊徳の苦難は、絶えず繰り返された。そしてこの苦難に対して、晩年の日記にあるように、「戦々兢々深淵《せんせんきょうきょうしんえん》に臨むが如く、薄氷を踏むが如し」(注2・5)という悲痛な思いを込めて、尊徳は生涯を通して闘い続けていくことになる。

6　仕法の輪、各地に広がる

天保四年九月、尊徳四十七歳の時、谷田部《やたべ》（茨城県つくば市谷田部町）と茂木《もてぎ》（栃木県芳賀《はが》郡茂木町）を領地とする細川藩（熊本の細川藩の分家）の藩医・中村玄順なる者が、所用で江戸に滞在していた尊徳を訪ねて来た。個人的な借金の申込みに来たのだが、話し合っているうちに、細川藩の財政難が話題となり、谷田部・茂木でも報徳仕法を実施しよう、ということになった。細川藩では、藩主・細川興徳《おきのり》の養子・興建《おきたつ》が熱心な推進者となり、天保六（一八三五）年二月から仕法が始められることになった。

細川藩のほかにも、各地の藩から救援の要請が相次いで尊徳に寄せられた。烏山《からすやま》藩の飢饉《ききん》救済が天保七年九月から、小田原藩の救済が天保七年十二月から、下館《しもだて》藩（茨城県筑西市）の仕法が天保九年十二月から始まった。また、天保十年九月には相馬藩（福島県相馬市）の若き藩士・富田高慶《こうけい》が尊徳に弟子入りして、後の相馬仕法の端緒を作った。

7　借財の整理に手腕を発揮

どの藩も莫大な借金に苦しんでいた。石高一万六千石の細川藩は十三万両、四万石の烏山藩は三万二千両、二万三千石の下館藩は三万五千両の借金を抱えていた。いずれも年収の数年分に達する額である。

尊徳は各藩から帳簿類を取り寄せ、借財の種類や性質などを詳細に分析した。借金といっても、いろいろな種類がある。百年以上も昔のもので、現代的に言えば《時効》にかかっているようなものもある。貸主側に差し迫った事情のものもある。尊徳はさまざまな条件を綿密に調べ上げて、借金の種類をいくつかに分類し、棒引きできるもの、繰り延べするもの、利下げするものなどに区分けして、誠意を尽くして貸主側と交渉した。その結果、細川藩の例でいえば、十三万両もあった借金が四年後には四万八千両余りにまで減額することができた。ほかの藩でも、ほぼ同様の成果を上げることができた。

二宮尊徳という人は、経済観念や金銭感覚の発達した人だ。しかし、彼はその能力を自分のために利用したのではない。尊徳が理想とする報徳一円の社会では、経済的な安定ということも欠かすことのできない条件である。人間の経済活動とは、基本的には生産と流通と分配と消費である。それらの仲立ちをするのが金銭であり、その際の価値の尺度となるのが金銭である。社会生活には欠かせないものだ。金銭それ自体が良いとか悪いとかいうことはない。報徳金のように清い使い方をすれば、人々に大きな恵みをもたらすことができるのである。

8　慕い寄る多彩な弟子たち

尊徳の名声が高くなるにつれて、弟子として尊徳先生の教えを受けようとする者も増えてきた。弟子の第一人者は、相馬藩士の富田高慶《こうけい》（久助）である。高慶は十数年にわたって尊徳から実地の指導を受け、尊徳の信頼も厚く、尊徳の娘ふみの婿となり、相馬藩の仕法では中心人物として活躍した。後に、これまでたびたび引用してきた『報徳記』という尊徳の伝記を書き残した。

二番弟子の斎藤高行は富田高慶の甥で、病弱な高慶をよく助け、また『二宮先生語録』や『報徳外記』などを書いて、現代の私たちが尊徳の思想を知る上での貴重な資料を残してくれた。

このほか、衣笠兵太夫《ひょうだゆう》（下館藩士で、高慶とふみ夫人の媒酌人）、福住正兄《ふくずみまさえ》（『二宮翁夜話』『富国捷径《しょうけい》』などの著者）、大島勇助、吉良八郎、安居院《あごい》庄七、小林平兵衛、岡田佐平治など数えあげたらキリがないほどに、数多くの弟子たちが尊徳の周囲に集まってきた。桜町仕法では尊徳の妨害者となった豊田正作も、後には尊徳の弟子として礼を尽くしている。尊徳の人物としての器の大きさを伺い知ることができる。

四　天保の大飢饉を乗り切る

1　凶作・凶荒に備える

天保四（一八三三）年の初夏、尊徳は宇都宮で食べたナスが秋ナスの味がするのに驚き、凶作がやってくるのを予知して、それに備えるために、凶作に強い稗《ひえ》を蒔《ま》くように桜町の百姓たちを指導した、と言い伝えられている。しかし、実際には前年の天保三年から尊徳は村人たちに稗を蒔かせているのである。当時の尊徳の頭の中には、凶作や飢饉を予知したかどうかにかかわりなく、「永安」とか「備荒」という考えがすでに浮かんでいたようだ。永安とは永久安泰のこと、備荒とは凶作・凶荒に備えることである。

桜町の仕法はほぼ所期の目的を達成し、村の気風は一変した。「遊惰〔怠けて遊んでいること〕は変じて精励となり、汚俗〔ケンカやバクチなどの悪い風習〕は化して篤行となり、荒地はひらけて田畑となり、家ごと人ごとに満ち足りて、一人をも罰せず、一人をも刑せず、獄舎は腐朽しても修理を加える必要はなかった」(注2・6)といわれるほどに様変わりした。

尊徳はこのような安泰な状態を永久に持続させ、来るかもしれない凶作・凶荒に備えることが自分に課せられた次の仕事だと考え始めていたのである。

2　三年の蓄えなきは国にあらず

二宮尊徳の思想や哲学は、読書に基づいて机の上で組み立てたものではなく、《心眼》による鋭い自然観察と自分自身の実生活体験を基盤とした深い思索によって形成されたものである。

ただし、尊徳が読書による学習を軽視したと解釈することは間違いである。尊徳は『大学』や『論語』『中庸』など、いわゆる四書五経を実に丹念に読んでいる。『礼記《らいき》』(王制編)の中の「三年の蓄えなきは国にあらず」という言葉は、すでに尊徳の頭の中に入っていたはずである。また、「永安」とか「備荒」という考え方は、「勤・倹・譲」という考え方から導き出される当然の結論でもある。

3 《お囲い穀》で備えを固める

尊徳は天保三年の桜町領内の租税を全面的に免除して、畑一町歩につき二反歩の割合で、麦や野菜などを作らずに稗《ひえ》を蒔《ま》くように村人たちを指導した。そして、米や麦のほかに稗や大豆など雑穀を交えて、一人につき五俵の割合で、倉に備蓄するようにさせた。

倉は土蔵づくりとして林の中に立て、木の枝が屋根を覆うようにする。籾《もみ》は出来柄のよい稲などを刈って竹竿《たけざお》にかけてよく干し、品質を確保するためにのぎ〔稲や麦などの実の先端の堅い毛〕の付いたまま俵に入れる。そして「大凶作でなければ決して開けてはならぬ」という禁令の札を立てて皆に守らせた。

また、もしも凶作にでもなって、稗を食べなければならない時には、少しでもおいしく食べられるように、と稗の食べ方も指導した。糠《ぬか》は除かずに、稗一斗につき小麦四升か五升を入れて、水車の石臼《いしうす》で挽《ひ》いて絹ぶるいにかけ、団子《だんご》にすると食べやすいこと、俗に餅草《もちくさ》という蓬《よもぎ》の若葉を入れると味もよくなることなどを懇切に指導した。

4 予感は不幸にも的中した

天保四年は春から天候が不順だった。四月・五月は長雨で、八月は大風雨となった。村の老人たちが「五十年前の天明の大飢饉の時と様子が似ている」と騒ぎ出した。尊徳は稗の蒔きつけや囲い穀などの備荒対策をさらに徹底させた。

案《あん》の定《じょう》、この年は凶作となった。米不足から米の値段が暴騰し、米商人の買い占め、売り惜しみ、これに対する打ちこわしや一揆などが全国各地で起こった。桜町から北東へ約三十キロの烏山藩《からすやま》では、九か村のお百姓約二百人が烏山城下へ押しかけて騒動を起こした。

翌五年は軽度の減収、六年は平年並みだったが、天保七年は四年を上回る大凶作となり、翌八年は大飢饉の年となった。大坂（大阪）では元奉行所与力の大塩平八郎が乱を起こして世直しを訴えた。

このように世の中が騒然とした中で、備えのできていた桜町や青木村は無事安泰に過ごすことができた。この様子を見て、また、それを指導した二宮金次郎の評判を聞きつけて、各地の藩が救援を求めてやってきた。尊徳も救済に乗り出し、細川藩、烏山藩、下館藩、小田原藩などに活躍の場が広がり、飢饉の救済や仕法の指導、藩財政の立て直しなどのために、東奔西走の忙しい毎日が続くことになったのである。

5　烏山藩の危急を救済

天保七年九月、尊徳が五十歳の時、烏山藩（栃木県那須郡烏山町）の天性寺《てんしょうじ》の円応《えんのう》という和尚《おしょう》が桜町の陣屋を訪ねて尊徳に面会を求めた。尊徳は「坊さんに用はない」と断ったが、円応は「飢饉に苦しむ烏山の衆生《しゅじょう》を済度《さいど》する道を求めてやってきたのです。ぜひ会ってください」

と陣屋の前に座り込んで動こうとしなかった。

尊徳も円応の熱意に動かされて、和尚と面会したが、「飢えた民を救うのは藩主や家老のなすべき仕事です」と教え諭《さと》した。尊徳の意図を汲《く》み取った円応は烏山に帰り、家老の菅谷《すげのや》八郎右衛門に相談した。家老・菅谷も藩の窮状を憂慮していたので、藩主・大久保忠保《ただやす》の直書《じきしょ》を頂き、円応と共に桜町を訪れて、尊徳に教えを請うた。

6　お救い小屋に救援米を送る

尊徳はこんこんと諭《さと》した。「およそ諸侯の任務は、天の生んだ民を預かって、これを養い、恵み、安んずることである。今その預かった天の民を飢え死にさせたならば、どこに諸侯の道がありますか。君もこのとおり、家老もこれを悟らないで人の上に立ち、自分は安泰で気楽にすごしていて、それで諸侯や家老の任務を果たしていると思っているのですか」(注2・7)

尊徳の厳しい叱責《しっせき》に対して、菅谷《すげのや》は返す言葉もなく、「まことにもっともです」と恐れ入り、その後の尊徳の説諭をよくよく肝に銘じて烏山に帰った。烏山藩は公称四万石であったが、年貢収納は四分の一に減り、三万二千両もの借金を抱え、天保四年に起きた暴動がまたも起こりそうな不穏な情勢になっていた。

尊徳は、本格的な仕法を始める前に、応急の対策として、救援米を烏山へ送った。烏山では天性寺の敷地の中に十二棟のお救い小屋を建て、約九千人（全人口の一割弱）を収容し、粥《かゆ》の炊《た》き出しを行なって極難《ごくなん》の人々を救済した。

桜町から送られた救援米は、米が千二百四十三俵、稗《ひえ》が二百三十四俵、種籾《たねもみ》が百七十二俵である。ただし、これは無償の供与ではなく、時価相当の二千三百八十九両で売り渡された。半額は藩から即金で支払われたが、残りは報徳仕法金として貸し付けられた。いつの場合でも、尊徳のやり方は人々の自立心を喚起するやり方であった。

「世間で困窮を救おうという者が、みだりに金や穀物を施し与えるのは、はなはだよくないことだ。なぜならば、人民を怠惰に導くからだ。これは、つまり、恵んで費《つい》えることになる。だからして、恵んで費えないようによく心を配り、人民が奮発《ふんぱつ》して勉励《べんれい》におもむくようにさせることが肝要なのだ（注2・8）」

7　家老・菅谷八郎右衛門の苦悩

天保八年六月、藩議一決によって本格的な仕法が始まった。家老の菅谷《すげのや》は尊徳の勧めに従って俸禄を辞退し、また弓矢や馬具などのうち不急のもの七十五点を売却して、その代金を仕法のための基金に提供した。これを「推譲」という。藩内には仕法遂行の気運が急速に高まり、藩士二百四十二人および領内の町人や農民など千二百六十人から総計百八両、米二百俵の推譲がなされた。

仕法は従来と同様に進められた。過去十年間の平均収納額に基づいて、九千三百三十俵（および畑作物からの金納分三百十六両）の分度が設定され、今後十年間に荒地千百九十九町歩の開墾をする計画が立てられた。

翌天保九年が豊作だったことも幸いして、分度外の収納額は二千俵を超えるほどになった。ところが、この分度外の米の扱いをめぐって、菅谷は苦しい立場にたたされることになった。藩士たちはそれを分内に入れて、つまり、領主側の取り分の中に入れて、自分たちの俸禄を増額するように要求したのだ。尊徳の強い忠告を受けた菅谷は、断固これを拒否した。すると、藩士たちは、いったん辞退した俸禄を彼が再び受け取ったことを種にして菅谷個人を攻撃し、また殿様に対して「仕法は民を利して君を窮する本末顛倒《てんとう》のもの」と訴えた。殿様も彼らに押し切られ、仕法は天保十年十二月に廃止されてしまったのである。

8 仕法を完遂することの難しさ

菅谷は役儀を辞任し、後には藩から追放され、意気消沈して桜町へやって来た。その菅谷に対して、尊徳は次のような厳しいことを言っている。

「烏山の興復の道が中廃したのは、皆あなたの誠意が足らず、行ないに欠けるところがあったからです。……いったん辞退した俸禄を再び受け取り、身の衣食を豊かにして事を成そうとした過ちから、ついに国家〔藩〕の衰退を招き人々を不幸にしたのであってみれば、あなたが退けられたことも道理ではないか。……これは烏山の家臣らの罪ではなく、皆あなたが自《みず》ら招いたものではなかったか(注2・9)」

烏山藩は天保十三年に仕法を再開したが、たいした成果は上がらなかった。仕法が完遂できるためには、理論と方法だけでなく、それを実行できるような然《しか》るべき人物・人材が必要なのである。

五　小田原仕法の困難と挫折

1　殿様からの急な呼び出し

天保七（一八三六）年十二月（尊徳五十歳）、江戸から老中・大久保忠真《ただざね》公の使者が桜町の尊徳の許へ来て、「急いで江戸に来るように」という殿様の命令を伝えた。小田原領内の飢えた民を救ってほしい、という依頼である。

当時、忠真公は舌疽《ぜっそ》という重い病気で寝たきりの状態だった。尊徳は殿様に直接お目にかかることができず、間に立った重役たちとの間で、何回か押し問答が繰り返された。重役たちは、尊徳の桜町での功績に対する恩賞のこと、俸禄を加増すること、殿ご愛用の麻の裃《かみしも》を賜《たまわ》ることなどをくどくどと繰り返した。体裁・体面・形式ばかりを重んずるお武家らしいやり方に腹を立てた尊徳は《飢民救済》という事柄の本質を鋭く突いて、つい語調もきつくなった。

「君主や家老の任務は人民の生活を安泰にすることである。平時の政策が行き届かず、凶作や飢饉が来て民を飢え死にさせるとすれば、その任務はどこへいったのか。いったい何と言って天に陳謝するのか。いわんや実務を担当する家老や郡代は、殿を補佐して民を導くべきものでありながら、この民を飢え死にさせるとは、その職責はどこに行ったのか。また何といって民に陳謝するのか」(注2・10)

2　極難の村から救済を開始

家臣たちとの押し問答の末に、ようやく殿様のお手許金《てもと》から千両を預かり、小田原の米倉の米を使うように、という殿様の命令を頂いて、尊徳が小田原に着いたのは、翌天保八年の二月になっていた。小田原でも藩士たちとの間で江戸の時と同じようなやりとりがあったが、尊徳の強い説得によって、ようやく米倉が開けられた。

尊徳は、箱根山中と富士山麓《ろく》の御殿場《ごてんば》付近から救済を開始した。この辺りは、標高が高く、夏でも寒いような土地柄で、ふだんでも米のできが悪く、飢饉の被害を最もひどく受けていた。救済のやり方は烏山《からすやま》藩の時とほぼ同様で、各農家の困窮の度合いを極難・中難・無難に分け、極難の者には一人一日米二合と銭一文ずつ、中難の者には米一合と銭二文ずつが貸し付けられた。救済された村は百六十四か村、戸数八百八十九戸、小田原領内ではほとんど餓死者を出さずに済んだのである。

3　われら、皆、天の分身《同根同体》

尊徳の援助のやり方は、無償の供与ではなく、年賦償還による貸付けである。困っている貧乏人ほど借り入れも多く、返済の負担も大きくなる。その負担を軽くするために、村人同士で互いに助け合う方法を考え出した。極難の者は《勤・倹》によって自立できるように指導した。余裕のある者からは、援助資金である報徳金への「加入金」を推譲させた。この自助と互助の考え方を村人たちに理解させ納得させるために、皆を一堂に集めて夜遅くまで根気よく説得を続けた。

「お前たちは代々同じ村に住み、同じ水を飲み、同じ風に吹かれ、病気には助け合い、死ねば弔《とむら》い合い、苦楽を共にしてきたのは、一朝一夕《いっちょういっせき》の因縁ではない。かの乞食《こじき》のごときは、財産を失って放浪する憎むべき者でありながら、それでもなお銭《ぜに》一文を施《ほどこ》し、米一すくいを与えるのが人情の常である。いわんや同じ村人が飢えて死ぬのを、立って見ている道理はあるまい。お前たちはこれを救う気持がないのか。同村同体（同根同体）の者でもその死を救う気持がなければ、よそから来た我らが、どうしてこれを救う理由があろうか」(注2・11)

そもそもわれらは、皆、天の分身ではないか。

「天地間に生ずるものは、人類・鳥獣・虫魚・草木とおのおの類が分かれ、大小・強弱・貴賤《きせん》の相違があるけれど、みなことごとく天の分身である。なぜならば、かげろう・ぼうふら・細かい草のような微細なものでも、造化《ぞうか》の力によらなければ生ずることができない。それゆえ仏教ではこれを活如来《いきにょらい》と言ったり、悉皆成仏《しっかいじょうぶつ》と説いたりするのだ。(注2・12)」

4　小田原藩士たちの報徳嫌い

二宮尊徳の思想は、何事につけても調和・融合をめざすまろやかな思想である。人間と自然との関係でいえば、天地の恵《めぐ》みと人間の努力とを融合させようとする思想だ。人間と人間との関係でも——当時は士・農・工・商という身分差別があったが——互いに持ちつ持たれつの相互依存関係を維持しようとする考え方である。尊徳は《君民一体》といっている。

「君民は一つであって、ちょうど一本の木のようなものだ。君が幹で民は根である。幹は高くて上にあり、花や葉を空中に開いて、人からほめそやされる。根は低くて下にあり、水分を土の中から吸って幹や枝を養う。そして、その水分を吸うのは細い根である。農業に努める者は細民である。細根がなければ幹や枝、花、葉を養えないのと同様に、細民がなければ国家経理の費用の出どころがない。国君たるものは、よろしく君民一体の理を悟って、細民を恵むべきである（注2・13）」

しかし、特権意識の強かった当時の武士階級には、この思想はなかなか理解されなかった。中でも、尊徳にとっては身近であるはずの小田原藩でこの傾向が強く、報徳仕法は《上を損して下を益するもの》〔武士に薄くて農民に厚いもの〕として、毛嫌いする藩士が少なくなかったのである。

5　分度がなかなか決まらない

小田原藩では、忠真公が天保八年三月に死去したが、臨終の時、「金次郎に藩の仕法をなさしめよ」と遺言したので、一応、報徳仕法を開始することになった。しかし、報徳仕法の意義を理解して熱心に推進しようとする重役は、このころにはほとんどいなくなっていた。報徳方という役職を設けたり、報徳役所を建てたりしたが、尊徳が要求した《分度の確立》をなかなか決めようとしなかった。これに対して、尊徳は、分度の重要性を繰り返し力説した。

「分度という仕法の根幹にかかわることをきちんと決めないで、米の増産だけをやらせようとするならば、民の間に不安や混乱を引き起こし、ただ民から搾《しぼ》り取るだけのことになってしまい、国〔藩〕を復興させようとして、かえって滅亡させてしまうことになるでしょう。……《民を恵む》という仁愛の政治の根本が立たないところで仕法を始め、人民を苦しめて暴税搾取の政治の手助けをするようなことはできません。……国に分度がないときは、桶《おけ》に底のないのと同様、たとい百万の米や金があっても、ついに困窮すること必然です」(注2・14)

6　領内の気運は盛り上がる

藩政当局は分度を確定せず、尊徳との間で押し問答を繰り返していたが、領内の村々では仕法の実施を期待する機運が盛り上がりをみせていた。各地の村の代表が尊徳の所へやって来て、《ぜひ自分たちの村の窮状を救ってほしい》と嘆願した。

こうした状況の中で、天保九年二月（尊徳五十二歳）、藩としての分度が確立しないままに、お百姓たちの熱意に動かされて、尊徳は重い腰を上げた。まず、酒匂《さかわ》川東側の足柄下郡鴨宮《かものみや》付近の上新田・中新田・下新田の三新田から着手することにした。

ここでの仕法は、千三百両を超える莫大《ばくだい》な借財の償還が主な目的で、村人たちの自力更正と相互扶助によって達成することに主眼が置かれた。余裕のある者は余財を売り払い、その代金を推譲した。貧しい者は夜なべなどの余力によってナワやワラジを作り、その売却代金を積み立てて推譲した。それでも足りない分は、報徳金からの無利息金貸付けによって補った。

このほかにも、小田原領内の多くの村で——曽比《そび》・竹松・西大友などで——報徳仕法の実践がなされ、勤労・推譲・相互扶助などに数多くの美談を残した。道路工事や用排水工事などには、千人を超える多数の人たちが冥加人夫《みょうがにんぷ》として無償の労力提供を申し出た。老人たちは、喜寿や米寿の祝いにもらったものを差し出した。小さな子どもまでが、せっかく買ってもらった晴れ着を推譲したり、道で拾った小銭を仕法の世話係へ届け出たりしたのである。

7　仕法はついに畳み置き

領民たちの熱気とは対照的に、藩政当局の仕法への取り組みは、きわめて消極的なものだった。領民たちの動きが不穏なものになりはしないかと警戒し、尊徳の領民たちへの影響力が強くなることを恐れたのだ。

こうした中で、天保十三（一八四二）年十月、時の老中・水野忠邦《ただくに》によって尊徳は幕府の御《ご》家人《けにん》に取り立てられた。引き続き小田原藩の仕法の指導は行なってよいという許可は得たが、小田原藩のほうは、これ幸いとばかり、尊徳を敬遠し、領民たちが尊徳と接触することを禁止した。尊徳が領内に入ることも制限し、父と母の菩提寺《ぼだいじ》・善栄寺《ぜんえいじ》に墓参することさえ禁止してしまった。

そして、ついに弘化三（一八四六）年七月（尊徳六十歳）、《仕法は畳んでおしまいにいたす》という中止の決定がなされた。もともと藩政当局は乗り気でなかったので、半ば覚悟はしていたものの、尊徳はしばし茫然《ぼうぜん》とした。青山教学院の忠真公の墓に参り、痛恨《つうこん》の涙を流したのであった。

六　幕臣に召し抱えられる

1　初めからすれ違いの幕臣登用

第一章の三の4で、尊徳は幕臣に召し抱えられたことに触れたが、それは当時の老中・水野忠邦《ただくに》によるものだった。水野は、天保十二年に首席老中となり、《天保の改革》に取り組んでいる最中だった。翌天保十三年（一八四二）七月、尊徳五十六歳の時、桜町の尊徳の許へ江戸から飛脚が来て、「江戸へ来るように」という老中・水野忠邦からの呼び出しの命令が伝えられた。尊徳は、わが興国安民の法（国を興こし民を安んずる報徳仕法の良さ）が幕閣にまで伝わり、これからは報徳仕法を全国に広めることができるかもしれない、と期待に胸をふくらませた。

しかし、尊徳の期待は空《むな》しく打ち砕かれた。十月三日、江戸の小田原藩邸で、「幕臣に召し抱える」という水野からの辞令を伝達されたが、報徳仕法を活かすためではなかった。桜町や青木村などで評判を取った土木技師としての腕が買われたのだ。《御普請《ごふしん》役格、二十俵二人扶《ぶ》持《ち》》という低い身分と役職で、大きな官僚機構の末端に組み込まれることになったのである。〔なお、幕臣となったころから、格式ばった時に名乗るものとして、彼は「尊徳」という呼び名（諱《いみな》）を用いるようになった。これは「たかのり」と読むが、後の時代になって、弟子たちが尊敬の気持ちを込めて「そんとく」と読み習わすようになったものである。〕

2　利根川分水路の調査に参加

さっそく与えられた仕事は、利根川分水路の調査団に末席の一員として加わることだった。利根川分水路というのは、天保の改革の目玉政策の一つとして、老中・水野が強力に推進しようとしていたもので、利根川下流地域の水害を防止するためと、東北地方から江戸へ米やその他の物資を早く安全に運ぶ輸送ルートを確保するために、利根川の水を印旛《いんば》沼から平戸川、花見川を経て検見《けみ》川付近で江戸湾に落とす、という一大事業計画である。

尊徳ら技術陣の意見は、試し掘りの結果、想像以上の難工事である、という消極論だったが、この地方を所管する代官・篠田《しのだ》藤四郎は積極的な推進論の立場に立ち、かなり強引な報告書を作り上げた。

正規の報告書とは別に、尊徳は、上司である勘定組頭《かんじょうくみがしら》・立田岩太郎の求めに応じて、独自の報告書を提出した。その内容は、尊徳がいつも使っている「無利息金貸付け雛形《ひながた》」などを応用したもので、あらまし次のようなものである。

まず分水路工事の地元の村々に報徳仕法を実施し、無利息金貸付けによって貧困に陥った農家の家政を立て直す。そして、年賦償還が終わった後で推譲される報徳冥加金《みょうがきん》〔お礼の納付金〕を分水路工事の費用に充てるようにする。そうすれば、工事が何年かかろうとも、費用は無尽に産み出すことができる。計画がうまくいくためには、地元住民の協力を得ることが大切である。そのためには誠をもって事に当たることだ。このようにすれば、町や村は栄え、国も永く繁栄する。

3 《自分は何をしたらいいのですか》

残念ながら、尊徳の報告書は幕閣には届かなかった。無論、何の返答もない。工事は代官・篠田のペースで進められたが、翌天保十四年九月に老中・水野が失脚したことによって中止となった。投入された二十五万両は全くのムダに終わった。

利根川分水路の調査が済んだあと、尊徳には仕事らしい仕事は与えられなかった。烏山藩や小田原藩などの仕法の指導は続けられており、新たに相馬藩から仕法の依頼を受けて折衝が続いていたが、幕臣という立場上、余り深く立ち入ることはできなかった。下総国《しもおさのくに》岡田郡（茨城県水海道市《みつかいどうし》）の大生郷《おおのごう》という村の仕法を命じられたが、着手する前に地元の反対に遭って立ち消えとなった。

手持ちぶさたの状態が続くうちに、天保十四年七月、尊徳は勘定所手附《てつき》（職員）として真岡《もおか》（栃木県真岡市）と東郷《ひがしごう》（真岡の近く）と小名浜《おなはま》（福島県いわき市）の三つの代官所に勤務せよ、という奇妙な辞令を受け取ったのである。さて、そうなると、自分は、一体、何をしたらいいのか、どこに住んだらいいのか、という誠にわびしい疑問に直面することになる。天保十四年十二月、尊徳は「勤め方住まい伺《うかが》い奉《たてまつ》り候」（自分は何をしたらいいのですか、どこに住んだらいいのですか）という長文の上申書を書いて三人の上司に提出したのである。

4　民安かれと願うこの身ぞ

この上申書は尊徳の自叙伝ともいうべきものである。少年時代の苦労から書き起こし、一家の再興、大久保忠真《ただざね》公との出会い、桜町での仕法の成果、その後の細川藩や烏山藩、下館藩などでの実績を列挙して、幕府のご領地でも報徳仕法を実施すれば、農家は立ち直り、荒地は開け、人口は増え、ご公儀の収納も回復することを説き、ぜひこのような任務を私に与えてほしい、と嘆願している。

尊徳は、利根川分水路の調査の時に印旛沼《いんばぬま》近くの村で出会った老婆のことを思い出していた。七年越しの水腐れ（水害）で家や田畑を失い、土手の上に小屋掛けをして、寒空の下で震えていた老婆に、「古着でも買いなされ」と一分《いちぶ》（約二万円）の金を置いてきた時の光景がよみがえった。わが興国安民の法を当局が採用するならば、このような悲惨はこの世からなくすことができるはずだ。

これまで自分は世のため人のために尽してきた。これは、この世に生を受け、天・地・人の恩徳に感謝し、その報恩としての自分なりの報徳の生き方である。自分は《聖人の大欲》を実践しようと努力してきたつもりだ。「大欲とは何かといえば、万民の衣食を充足させ、人々の身に大きな幸福を集めようと欲することである」(注2・15)

これからの残り少ない余生も、この生き方を貫き通したいのだ、という熱い思いがふつふつと湧《わ》き起こった。

もろともに　無事をぞ祈る　年ごとに　種かす里の　賤女賤《しずめしず》の男《お》
（種籾《たねもみ》を貸し与えた貧しい人たちよ、どうぞ今年も無事息災でありますように）

仮の身を　元の主《あるじ》に　貸し渡し　民安かれと　願うこの身ぞ
（天から頂いたこの仮の身の自分を元の主《あるじ》の天にお返ししたつもりで、自分はこれからも
人々が安心して暮らしていけるように勤めて参ります。）

七　弟子の活躍による相馬の仕法

1　相馬藩の繁栄と衰退

相馬藩（福島県相馬市および原町市）は、石高六万石、鎌倉時代から続いた古い藩である。江戸時代に入って元禄のころまでは、お百姓たちの勤労意欲も高く、新田の開拓も盛んに行なわれて、藩の収納は大変に豊かだった。しかし、豊かさの中で驕《おご》りが生じ、ぜいたくの癖がつき、収入が足りなくなると、お百姓からの年貢取り立てを厳しくするばかりだった。

お百姓たちはしだいに意欲をなくし、田畑は荒れ果て、生まれたばかりの赤子を殺す《間引き》の風習が日常茶飯のことになっていた。

五十年前の天明《てんめい》の頃には、年貢収納は名目の三分の一に激減し、飢饉の時には多数の餓死者

を出し、《人が人を食った》といわれるほどの惨状を呈した。その後、文化年間になって、家老の中村総左衛門を中心にして、《文化の厳法》といわれる藩政改革が行なわれて、多少の改善はみられたが、天保の飢饉にあって再び財政困難に陥り、三十万両を越える巨額な借金を抱え込んでしまった。

2　富田高慶、尊徳の弟子となる

藩の窮状を憂える若き藩士、富田高慶《こうけい》（久助）は、江戸に出て苦学して、藩財政を復興する方策を模索していたが、二宮尊徳の評判を聞き、桜町へやって来て、天保十年九月、二十六歳の時、尊徳の弟子となった。（尊徳五十三歳）

その後、尊徳の仕法実践に付き従い、尊徳の手足となって働きながら、実地の修練の中で、報徳仕法の真髄を着実に体得していった。

3　弟子たちのめざましい活躍

相馬藩は過去百八十九年間の藩財政に関する資料を尊徳に提出した。尊徳はそのデータをさまざまな角度から分析し、分析の結果にもとづいて、六万六千七百六俵という分度を設定し、その分度を基軸とした今後六十年間の復興計画（《興国安民の法》）を立案した。そして、それを八冊の計画書にまとめて相馬藩に提出した。

相馬藩内には、富田高慶や斎藤高行のほかにも多くの報徳理解者が育っていった。荒至重《むねしげ》、伊東発身《はつみ》、一条七郎右衛門、高野丹吾《たんご》、志賀直道（小説家・志賀直哉の祖父）などの人たちだった。また、各村には《仕法世話係》が設けられ、「仕法取り扱いにつき心がけるべきこと」という尊徳の教えに従って作成した次のような教訓に忠実に従って、報徳の精神を藩内のすみずみにまで広めていった。

・仕法で村へ出張する時は、朝、回村を怠らないこと。
・村人同士が仲良く暮らせるように、誠意をもってお世話すること。
・村人たちの苦しい事情をよく察して、我が身にかえて村人たちの苦労を取り除き、安心して暮らしていけるように指導すること。
・指導者は、着物は木綿にかぎり、食事は飯《めし》と汁だけとすること。
・酒を断ち、贈り物は受け取らないこと。
・心得違いの者があるときは、ていねいに教えさとして、くりかえし　くりかえし、ていねいに教えさとすべきこと。

指導者たちの誠意と熱意に応えて、お百姓たちも勤労に精を出した。朝は早く起きて、耕し、草取り、水かけ、肥やしかけに力を尽くした。夜は遅くまで縄ないや俵編《たわらあ》みなどに励んだ。正月も、例年なら十五日ごろまで酒を飲んだりして過ごしていたのを改めて、二日から縄ないを始め、四日から山や野に入り、薪を取り、柴を刈るという精励ぶりだった。

勤労の成果は目に見えて生産の増加となって現れた。分度外の産米は二十四万八千二百二十俵、新規に開拓した田畑は千三石七十九町歩、堰《せき》や堤は百か所、溜池《ためいけ》は六百九十二か所、米や麦を備蓄した倉庫は五十二棟に達したのである。

八　最後の奮闘、日光領の仕法

1　日光領の仕法を命じられる

天保十四（一八四三）年十二月に提出した「勤め方住まい伺い奉り候」（報徳仕法を実施させて欲しいという嘆願書）は、確かな手応《てごた》えを呼び起こした。翌弘化元年四月、尊徳五十八歳の時、「日光東照宮領の復興計画を立てよ」という命令が与えられた。

久しぶりに大きな仕事を与えられて、尊徳は喜びに胸を弾ませた。さっそく現地に出かけようと支度をしているところへ、「それには及ばない。計画書だけ提出せよ」という指示が伝えられた。

そこで尊徳は考えた。これまでの仕法のやり方の中には、その村だけに特有の事柄もあるが、むしろ、どの村にも共通することのほうが、はるかにたくさんある。そこで、この機会に、どこでも仕法が実施できるような標準的な実施要領（標準マニュアル）を「仕法雛形《ひながた》」として作成することにしよう、と心に決めた。

尊徳は、上司の許可を得て江戸に出て知人の別宅を借り受け、弟子の富田高慶《こうけい》や息子の弥太郎らと共に、仕法雛形の作成に取りかかった。

仕法による村おこしとは、要するに、「荒地を開き、困窮民を扶育《ふいく》し、借財を返済し、暮らし向きを立て直し、末ながく安心に生活できる方法」（『藤曲《ふじまがり》村仕法書』）のことである。あるいは、別の言い方をすれば、「善行者を表彰する、困窮している人を援助する、土地の改良に力を尽くす、村民を教育感化する、貯蓄を奨励すること」である。

このようなやり方は、すでに尊徳の頭の中では標準化されており、これまでにも「無利息金貸付け雛形」「難村取り直し日掛け縄ない手段帳」「天徳現量鏡（百行勤惰得失先見雛形）」など何種類もの雛形を作ってきた。今回の作業は、これらを集大成するものである。

この作業はたいへんな大事業になった。総勢二十二人の門人を動員し、二年三か月をかけ、八十四冊の膨大な仕法雛形を完成して、弘化三年六月、幕府当局に提出した。

仕法雛形を作成する期間は、尊徳にとって後継者を養成するためのよい機会となった。この間に二人の有力な弟子――斎藤高行と福住正兄《ふくずみまさえ》――が門下に加わった。尊徳は弟子の育成にいっそう力を注ぐようになった。

2　各地の幕府領で成果をあげる

その後、尊徳は真岡《もおか》代官・山内《やまのうち》総左衛門の配下となり、嘉永元（一八四八）年七月、六十二歳の時、家族と共に真岡の近くの東郷《ひがしごう》陣屋に移り住んだ。代官・山内は、さっそく管内の東郷村と桑野川村の新田の開拓を命令した。尊徳はたちどころにみごとにそれを成し遂げた。

そのことが陣屋の中で先輩たちの妬《ねた》みを招いて、少しばかり波風を起こしたが、しかし、その後、しだいに周囲も理解するようになり、やがて、桌ケ島《そうかじま》や花田新田など管内の多くの村に仕法の輪が広げられていった。

また、日光・今市の近くで、石那田《いしなだ》村と徳次郎《とくじら》村の両方に分水している取水堰《しゅすいせき》の改修を成し遂げて、長年続いていた水争いを終結させた。

私生活の面でも、うれしいことが重なった。嘉永五年正月、尊徳六十六歳の時、ようやく郷里に墓参することを許された。その折、弟子の福住正兄が婿入りしていた箱根の旅館に入湯し、記念に桜の苗三千本を植樹した。四月には息子の弥太郎（三十二歳）が近江・高島藩士の娘・三宅鉸《こう》子と結婚し、八月には娘ふみ（二十九歳）が富田高慶と結ばれることになった。

3　最後の奮闘、日光領の仕法

嘉永六（一八五三）年二月、尊徳六十七歳のとき、待ち望んでいた命令が下された。「日光東照宮領二万石の仕法に着手せよ」という命令である。

日光領の税法は定免《じょうめん》といわれる定額方式――年貢率のような定率方式ではない――であったため、これまで各地でやってきた仕法のやり方のように、《分度》を定めて、増収によって生じる分度外の余剰分を荒地開発などの資金に投入するというやり方ができない。しかも幕府からの財政的な支出は全く期待できない。

そこで、尊徳は、一万両を超える資金を自分であちこちから調達し、それを日光山貸付所――現在の政府系金融機関のような所――に預金して、現代の財団基金方式のようなやり方で、その預金利子を日光領再建の事業に充当するという方式を考え出した。

そして、その資金の調達先として、

①かつて小田原仕法のときに小田原藩に貸しつけて仕法中止の時（弘化三年）に返済が約束されていた約五千両

②今は亡き大久保忠真《ただざね》公の菩提《ぼだい》のための積立金や、細川藩、下館藩、烏山藩などからの推譲金、合わせて約千二百両

③相馬藩から毎年五百両、十年で合計五千両

以上のような資金調達先を想定した。そして、その交渉のために奔走した。そのうち尊徳は病気（中風《ちゅうぶ》）にかかり、寝込んでしまった。しばらくして、やや快方に向かったので、六月、いよいよ現地の日光へ向かった。

現地では、さっそく病を押して回村に出かけた。見かねて上司の日光奉行・小出長門守《こいでながとのかみ》が「駕篭《かご》を使うように」と勧めたが、「駕篭に乗って行ったのでは、民情はわかりません」と断り、夏の暑い日差しの中を杖にすがって回村を続けるのだった。

その尊徳に悲しい知らせが届いた。前の年に結婚した娘のふみが、七月、難産の末に亡くなってしまったのだ。しかし、尊徳は「私事をもって公事を廃することはできない」と葬儀には息子の弥太郎を代参させて、自分は病身を引きずりながら、回村を続けるのであった。

4 「墓を建てるな、木を植えよ」

今市に報徳役所ができ、安政二（一八五五）年四月、六十九歳の時に尊徳は一家を挙げて引っ越してきた。しかし、尊徳は病いで床に伏せる日が多くなった。仕法は、病床からの尊徳の指揮に従って、富田高慶や息子の弥太郎らを中心に順調に進められていった。

そして、安政三（一八五六）年十月二十日（新暦では十一月十七日）、尊徳は七十歳の天寿を全うして、静かに息を引き取った。死に臨んで、弟子たちに次のように遺言した。

「私の死ぬのも近いうちだろう。私を葬るのに、分を越えるでない。墓石を立てるでない。碑も立てるでない。ただ土を盛り上げて、そのそばに松か杉を一本植えておけば、それでよろしい。決して私の言葉にたがってはならぬ(注２・16)」

天地から命を与えられ、天地と共に生き、天地と共に勤め尽くした生涯であった。報徳の生き方を貫き通した七十年であった。尊徳の魂は安らかに天地の令命《れいめい》の根元へ帰っていったのである。

きのうより　知らぬあしたの　懐かしや　もとの父母《ちちはは》　ましませばこそ

【第二章の注】

（注2・1）『二宮尊徳全集』第十一巻一一七一頁

（注2・2）福住正兄『二宮翁夜話』二六六

（注2・3）富田高慶『報徳記』巻二

（注2・4）斎藤高行『報徳外記』第八章「興復」（下）（佐々井典比古訳、一円融合会刊、以下同じ）

（注2・5）『二宮尊徳全集』五巻一一〇四頁

（注2・6）『報徳外記』第二十五章「報徳」

（注2・7）『報徳記』巻三

（注2・8）『二宮翁夜話』二三五

（注2・9）『報徳記』巻三

（注2・10）『報徳外記』第十七章「備荒（中）」

（注2・11）『報徳外記』第十八章「備荒（下）」

（注2・12）斎藤高行『二宮先生語録』四二八

（注2・13）『二宮先生語録』四六二

（注2・14）『報徳記』

（注2・15）『二宮翁夜話』二七

（注2・16）『二宮翁夜話』二八一

第三章　実践哲学としての《報徳訓》

1　《報徳》という思想の成り立ち

この章では、二宮尊徳が創始した「報徳」という思想体系、およびそれを実践的な教訓として構築した「報徳訓」を解説することを主眼としていきたい。

第二章一「四千石の旗本領を立て直す」の節で述べたように、尊徳は文政四年、三十五歳のとき、小田原藩の殿様・大久保忠真《ただざね》公から下野《しもつけ》国（栃木県）にある分家・宇津家の桜町領四千石の旗本領の財政再建を依頼された。当時は、桜町領の米の生産高は一千石にまで低下し、当然、年貢収納額も激減していたのである。

尊徳は丹念に現地の実態を調査して、十年で米の生産額および年貢収納額を二倍にするという再建計画を立案した。桜町領の過去十年間の年貢収納額の平均は九百六十二俵だったが、文政四年の実績が千五俵だったので、この千五俵を今後十年間領主に上納する限度と定め――この上納限度額が「分度」である――再建事業が成果をあげて米の生産高が増収となった場合は、年貢は従来通りの年貢率で農民たちから徴収するので、その年貢徴収額と上納限度額との差額を分度外の余財として尊徳が管理し、それを荒地開発などの資金として投入することを領主側に認めさせ、このようにすれば、十年後には米の生産額（および年貢収納額）は二倍の二千石（年貢は二千俵）にできる、と、このような再建計画案を提出して了承された。

殿様との約束の十年目にあたる天保二年（一八三一）には、年貢収納額は千八百九十四俵になったことは、第二章で述べた。目標の二千俵にはもう一歩だが、目標達成率は約九五パーセントで、まずまずの成績といってよいであろう。この年の正月（尊徳四十五歳）、老中首座になっていた大久保忠真《ただざね》公が十一代将軍家斉《いえなり》の代参で日光東照宮に参詣し、その帰りに桜町の近くの結城《ゆうき》という所に宿をとった。尊徳はヤマノイモ（自然薯《じねんじょ》）を手土産にして殿様にお会いした。その時、殿様から桜町でのやり方を尋ねられたのに対して、尊徳は次のように答えた。

「荒地には荒地の力があります。荒地は荒地の力で起こし返しました。人にもそれぞれ良さや取り柄があります。それを活かして村を興こしてきました。」

このように、どんな物でも活かして使う、どんな人でも良さを伸ばしていく、という尊徳のやり方や考え方に対して、忠真公は、「そちのやり方は『論語』（憲問編）にある《徳を以て徳に報いる》というあれだな」と言われた、と言い伝えられている。尊徳はこの言葉に感激し、その後「徳」および「報徳」という言葉を中心に据えて、自分の思想体系を練り上げていくようになったのである。尊徳のこの「報徳」という思想は、モノに対しても人に対しても適用されるものだが、人に対して適用すれば現代の管理者に必須のリーダーシップの源泉としても理解できるであろう。

2　どんなものにも徳がある

尊徳は物や人に備わる良さ、取り柄、持ち味のことを「徳」と名づけ、それを活かして社会に役立てていくことを「報徳」と呼んだ。荒地にも荒地なりの徳（良さ、取り柄）がある。その荒地の徳を人間の徳（工夫や努力）が活かすことによって、実り豊かな田畑という新しい徳に変えていくことができる。ワラの徳を活かして、ナワやワラジ、タワラなどの新しい徳を造り出すことができる。これが《報徳》なのである。現代の家庭から出るゴミや、工場から出る産業廃棄物などをリサイクルすることも、尊徳なら「報徳」と呼んだことだろう。

尊徳は、《あらゆるものに徳がある》と考えた。このことを「万象具徳《ばんしょうぐとく》」という。

この《万象具徳》ということについて、報徳博物館の佐々井典比古理事長は、わかりやすく次のような詩で表現しておられる。

どんなものにも　よさがある
どんなひとにも　よさがある
よさがそれぞれ　みなちがう
よさがいっぱい　かくれてる
どこかとりえが　あるものだ
もののとりえを　ひきだそう

ひとのとりえを　　そだてよう
じぶんのとりえを　ささげよう
とりえとりえが　　むすばれて
このよはたのしい　ふえせかい

「ふえせかい」というのは、田畑という資源は有限ではあるが、その有限の資源を人間の工夫と努力によって有効に活用すれば、毎年毎年、無尽蔵に米や野菜などを産み出すことができる、という意味で、「いっぱいせかいのふえせかい」と表現した尊徳の言葉なのだが、ここでは、少し簡略化して、人間の勤労によって付加価値——社会的経済的な効用——が増加すること、と理解しておきたい。

3　父母の根元は天地の令命《れいめい》にあり

二宮哲学の精華は、天保五（一八三四）年ごろに作られた「報徳訓」という教訓に集約されている。報徳訓は三行で一連、四連十二行で成り立っている。一連のうち、前の二行が「恩徳」を、三行目が「報徳」を表している。

父母の根元は天地の令命にあり

身体の根元は父母の生育にあり
　子孫の相続は夫婦の丹精にあり
父母の富貴《ふうき》は祖先の勤功にあり
吾身《わがみ》の富貴は父母の積善にあり
　子孫の富貴は自己の勤労にあり
身命の長養は衣食住の三《みつ》にあり
衣食住の三は田畑山林《でんばたさんりん》にあり
　田畑山林は人民の勤耕にあり
今年《こんねん》の衣食は昨年の産業にあり
来年の衣食は今年の艱難《かんなん》にあり
　年々歳々報徳を忘るべからず

4　かなほうとくくん

以上の報徳訓の内容を報徳博物館の佐々井典比古理事長は次のような「かなほうとくくん」として、わかりやすく表現されている。

一　てんちの　いのちで　いきている

せんぞの　いのちで　いきている
おやの　いのちで　いきている
　しそんに　いのちを　つたえよう
　いのちを　しっかり　つたえよう

二
ぶんかの　めぐみで　くらしてる
せんぞの　めぐみで　くらしてる
おやの　めぐみで　くらしてる
　しそんに　めぐみを　つたえよう
　めぐみを　しっかり　つたえよう

三
ごはんの　おかげで　いきている
きものの　おかげで　いきている
すまいの　おかげで　いきている
たはたの　おかげで　くらしてる
やまの　おかげで　くらしてる
うみの　おかげで　くらしてる
こうばの　おかげで　くらしてる
みせの　おかげで　くらしてる

みんなの　おかげで　くらしてる
　もちば　もちばで　つとめよう
もちばで　しっかり　つとめよう

四
きのうの　ごはんで　きょういきて
　きょうの　つとめは　あすのため
きょねんの　みのりで　ことしいき
　ことしの　みのりは　らいねんへ
いつでも　どこでも　おんがえし
　いつでも　しっかり　とくいかし

5　報徳の実践としての勤・倹・譲

二宮尊徳が生涯を通して成し遂げた米の増産を主眼とする村おこしの事業は「仕法」と呼ばれる。仕法は、同じく尊徳が構築した「報徳」という倫理的な思想を基盤として行なわれるので、この二つを合わせて「報徳仕法」と呼ばれている。この報徳仕法の要点については、尊徳の一番弟子で尊徳の伝記『報徳記』の著者である相馬藩士の富田高慶が、その『報徳記』（第九章）の中で次のように述べている。

「私の方法は、勤労によって収穫・収入をふやし、節約・倹約によってムダな支出を減らして余財を生み出し、その余財によって生活に困っている人々を救済し、人々が勤労に精を出してそれぞれの家計を豊かにすることが目的である。多くの家がそのようになれば、貧しかった村も豊かな村に生まれ変わるのである。」

尊徳自身が藤曲《ふじまがり》村という村の立て直しのために作成した企画書（「藤曲村仕法書」と呼ばれている）の中では、次のように書かれている。

「（わが法は）荒れ地を開き、生活に困っている人を救済し、借金を返済させ、暮らし向きを立て直し、末永く安心して生活できるようにするものである。」

このような考え方は、「勤・倹・譲」という言葉に要約することができる。つまり、報徳を実践するということは、具体的には《勤・倹・譲》の三つを実践することなのである。勤・倹・譲については、福住正兄の『二宮翁夜話』（二一一）の中で次のように述べられている。

「わが道は、勤・倹・譲の三つにある。勤とは、衣食住に役立つ品物を作り出すことである。倹とは、生産した品物をムダにしないことである。譲とは、衣食住にかかわるものを人々のために推し譲ることである。

この譲には、いろいろある。今年の物を来年のために貯蓄するのも譲であり、子孫のために譲り残すのも譲だ〔これらは「自譲」と呼ばれている〕。それから、親戚や友人に譲るのも譲であり、郷里や社会のために推し譲るのも譲である〔これらは「他譲」と呼ばれている〕。……この勤・倹・譲の三つは、カナエの三本の足のようなもので、一つでも欠けてはならない。必ず三つ揃って行なわなければならない。」

第四章　現代にも通用する経営改善のヒント

尊徳の村おこしの事業は「仕法」と呼ばれる。〔その根底には「報徳」という思想が据えられているので、この二つを合わせて「報徳仕法」と名づけられている〕。仕法の事業とは、米の増産のことであり、ほとんどの場合、十年の期間を区切って実施される。だから、仕法とは現代的に言えば、村落を単位とした期間十年のプロジェクト・マネジメントである。

その考え方（理論）とやり方（方法）はきわめて合理的科学的であり、現代の企業や行政体などの経営管理に適用できることが数多くある。本章では、そうした例のいくつかを紹介することとしたい。

一　入るを量《はか》って出ずるを制す――《フローとストック》で管理する

いきなりで恐縮だが、まず初めに尊徳の次の言葉を読んでいただきたい。

「昔は国〔藩〕の経費を定めるのに「入るを量《はか》って出ずるを制す」(注4・1)という良法があった。だが末世の今日では、皆、競ってぜいたくをするため、国費が足らず、逆に「出ずるを量って入るを定める」というようになった。そこで重税が勝手放題に行なわれて、人民は安らかに生活ができず、ひとたび飢饉《ききん》がくれば、死亡や一家離散を免れない。田畑は荒地となり、けっきょく税収を欠くことになるのである(注4・2)」

続いて次も読んでいただきたい。

「城の堀を見れば、水が青々とたたえて、その深さも測り知れず、実に一城の固めである。だが、その水源をたずねてみれば細い流れにすぎない。その落ち口も同様である。もしこれを平地に流したならば、一筋の小川にすぎず、決して要害〔固い守り〕とするに足るものではない。およそ堀の水というものは、細い流れで入り、満ちたたえて、また細い流れで出ていく。だからいつも満ち満ちていて、干《ひ》あがるおそれがないのだ。わが興国安民の道〔報徳仕法による村おこしの理論と方法〕も同様である。(注4・3)」

尊徳の直弟子で相馬藩士の斎藤高行が伝えるこのような《尊徳の語録》を読むと、現代の会計学や経済学における基本的な概念(考え方、用語、コンセプト)の一つである「フローとストック」ということを尊徳が実に的確に把握していたことがわかる。

「フローとストック」とは、企業経営を例にとれば、モノやカネの流れや増減を分析するときの着眼点を表す用語である。ある商店の商品を例にとって考えてみると、商店にはたえず商品が仕入れられて入ってきたり、売上として出ていったりする。このような商品の出入りは一つの流れであり、この流れのことをフローという。これに対して、ある時点における商品の状態を考えてみると、商店には常にある量の商品が貯蔵され滞留している。このような在庫がストックである。

フローの出入りの量が変動すれば、それにつれてストックの量も増減する。入りが多くて出が少なければストックは増えるし、逆に入りが少なくて出が多ければストックは減るわけである。バランスシート（貸借対照表）は一定時点（決算期など）での企業の資産・負債・資本（利益を含む）のストックの状態を表すものであり、損益計算書は一定期間（半年間または一年間）の企業の収益と費用のフローの様子を表すものである。

図4－1

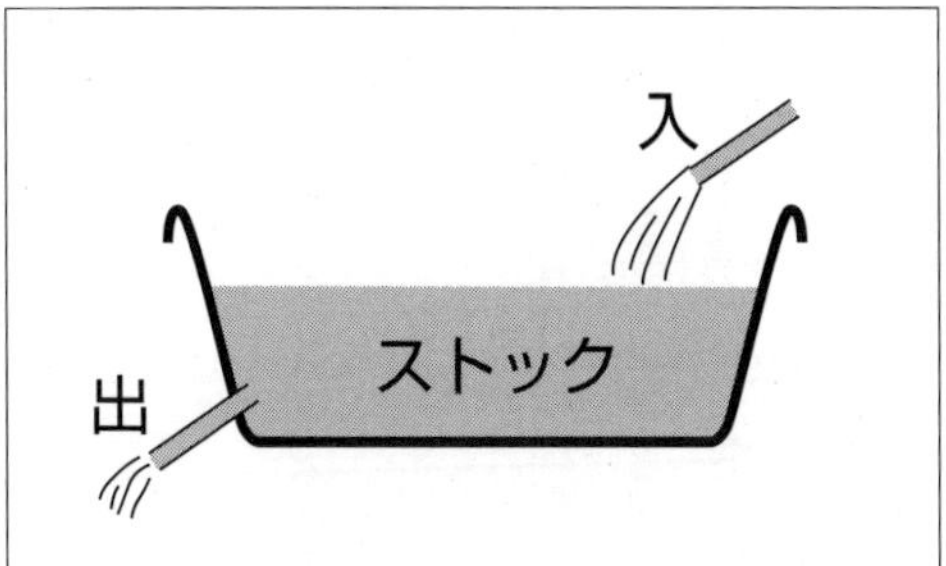

二　小を積んで大と為《な》す――易しいことから難しいことへ

「小を積んで大と為す（積小為大）」ということについては第一章第二節「村で有数の大地主となる」でも紹介したが、ここではもう少し詳しく説明することとしたい。

「土地を耕すには一度に一鍬《くわ》ずつ掘り起こすのが限度である。いくら力のある者でも、一度に二鍬分ずつ掘り起こすことはできない。もし無理にそんなことをしようと思えば、鍬をこわすばかりでなく、体も壊してしまう。だから、大昔から、土地の良し悪しはあり、耕し方の速い遅いの違いはあっても、一鍬一鍬掘り起こして、徐々にだんだんに進むという限度を越すことはできない。こうして、一鍬一鍬だんだんに進んでいきさえすれば、一畝《せ》から十畝になり、百畝から千畝に及び、天下の田畑をことごとく耕し尽くすことができるのだ」（注4・4）

こうした考え方は、現代的な表現で言い換えるならば、次のようになる。つまり、ある仕事や作業を遂行するときには、それらを細かい要素に分解し、易しいことから難しいことへと配列して、段階的に順序を追って進めていくようにしなさい、ということである。能率学では「三つのＳ」ということが提唱されている。「三つのＳ」とは、スタンダーダイゼーション（標準化）、シンプリフィケーション（単純化）、スペシャリゼーション（専門化）の三つの英語の頭文字のＳをとったものである。

スタンダーダイゼーションとは、標準化・規格化のことで、部品や作業方法などを一定の型式の決まりにしておくことである。ＪＩＳマーク（日本工業規格）のＳと同じで、これも我が国の鉱工業製品を規格化・標準化したもののことである。シンプリフィケーションとは、単純化・簡素化のことで、部品や作業方法などをできるかぎり簡素化し単純化することである。スペシャリゼーションとは、専門化・特殊化のことで、作業方法などを分業化して、一つのこと

図4－2

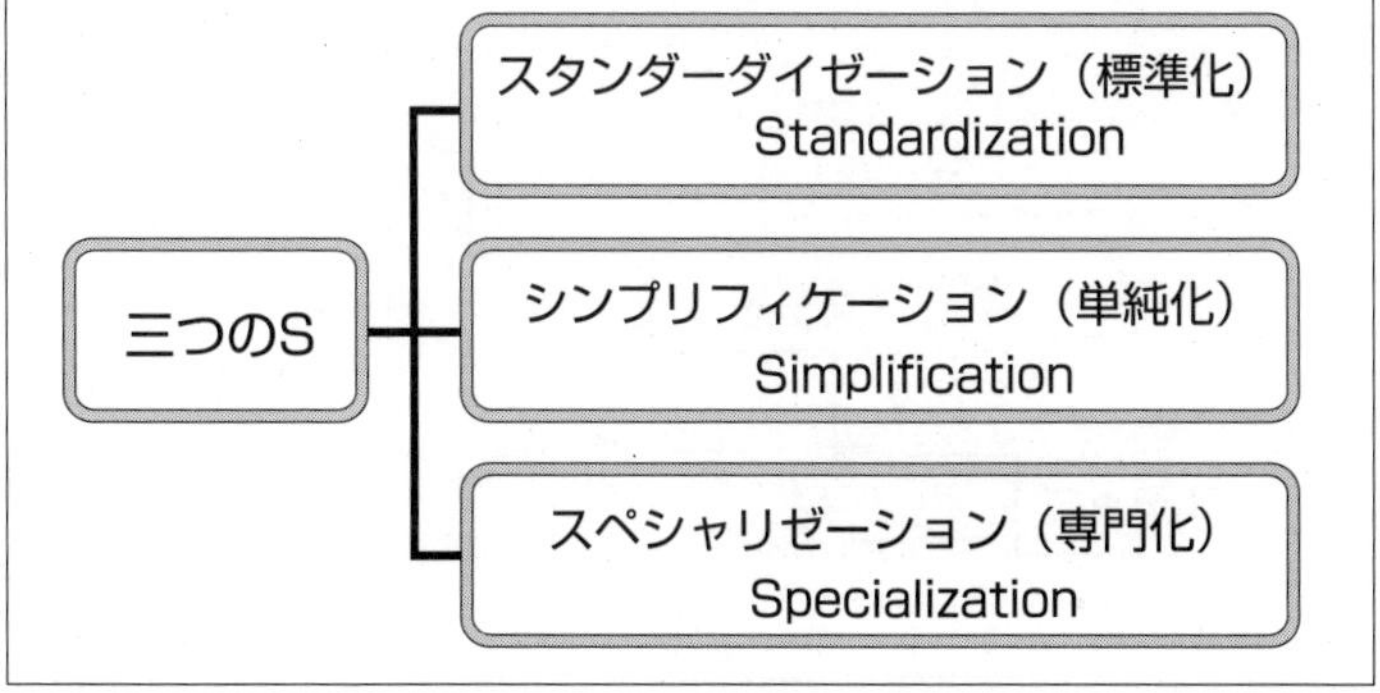

に専門的に集中することである。

たとえば、一ダースの石鹸を次々に箱に詰め、包装紙で包み、ヒモをかけ、バスケットに入れる、という一連の作業があると仮定しよう。この場合、三つのSの考え方とやり方を応用すると、次のようになる。まず、これらの作業を分解して単純化する。たとえば、石鹸を取りそろえるだけの作業、石鹸を箱に詰める作業、包装紙を取り出す作業などの要領である。次に、作業のやり方や物の置き場所を統一し、規格化し、標準化する。最後に、これらの作業の分担を決めて、ある人は石鹸の取りそろえに専念する、ある人は包装紙を広げる役に専念する、ある人はヒモかけ作業専門にする、という具合に専門化する。この三つのSの考え方は、能率向上や業務改善などを考えるときの出発点となる基本的なものである。

また、この「易しいことから難しいことへ」という考え方は、新人に仕事の手ほどきをするときにも大いに役立つ。スポーツの訓練でも同様である。

図4-3

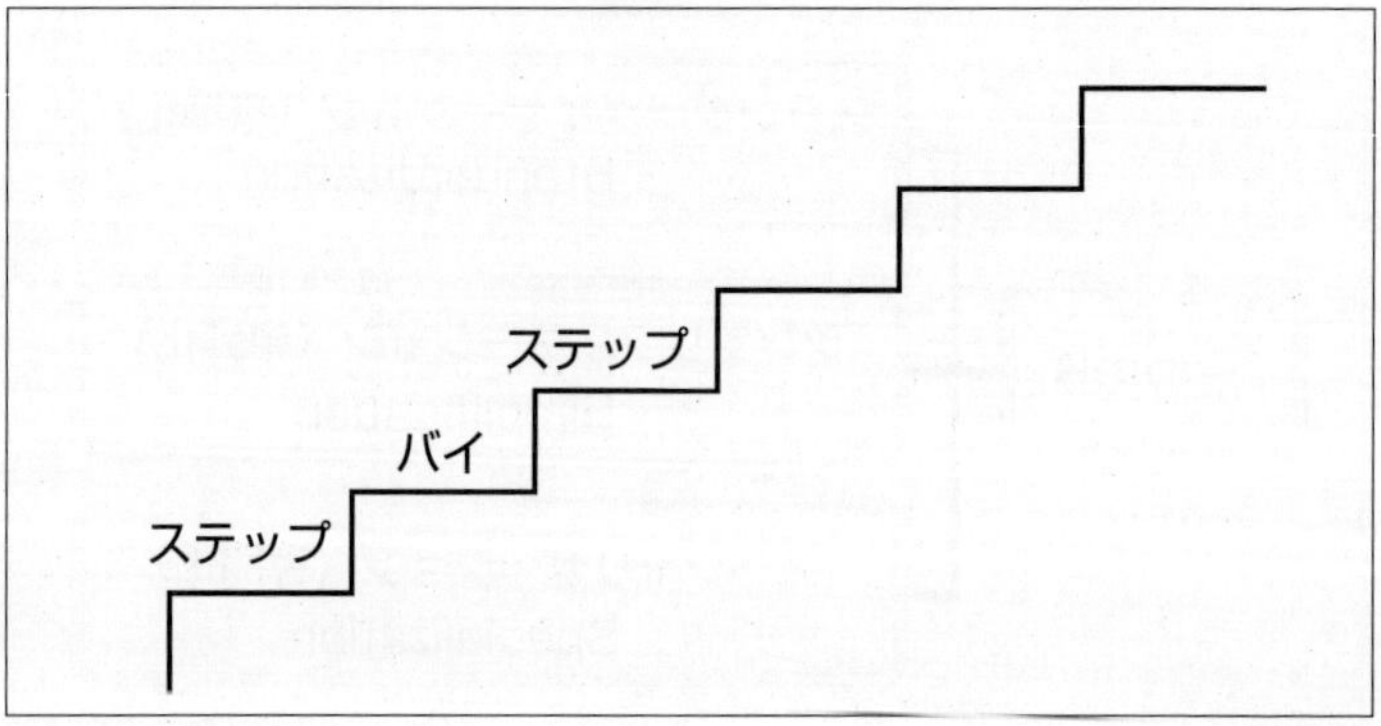

たとえば、走り高跳びの練習をするときは、バーの高さは、初めは低いところから、だんだんとステップ・バイ・ステップで、少しずつ高くしていく。そういえば、昔、忍者の子どもが高く跳べるようになるための修行をするときに、麻の若木を利用した、という話が伝えられている。麻の木は、生長が早いので、その上を跳び越える訓練を毎日毎日繰り返していると、知らず知らずのうちに、ごく自然に高く跳べるようになっていくのである。

自動車教習所の教則本も、それに基づく教習課題も、全く同じ原理で作られている。最初は車の乗り方、降り方、ドアの開け方、閉め方から始まり、次にハンドルの握り方、回し方、ブレーキのかけ方……という具合に、少しずつ難しくなっていくのである。

尊徳の「積小為大（小を積んで大と為す）」という教訓には、以上に述べたような内容が込められている、と理解すべきである。

三　事あらかじめすれば立つ――リサーチに基づいてプランニングを

「段取り八分」ということわざの通り、何か事をなそうとするときには、事前の準備――調査と企画――が重要である。段取りの良し悪しによって、事が成るか否かが大きく左右される。尊徳は「事あらかじめすれば立つ」と次のように述べている。

「秋に川で魚をとろうと思う者は、夏の間に網を編んでおかなければ、それができない。春に田に堆肥《たいひ》を入れようと思う者は、冬の間に落葉を掻《か》いておかなければ、それができない。秋の稔りを得ようと思う者は、春から夏にかけて耕したり草取りをしたりしなければ、それができない。『中庸』〔儒教の経典〕に「事あらかじめすれば立つ。あらかじめせざれば廃《すた》る」とあるのは、これを言うのだ」(注4・5)

また、次のようにも語っている。

「『論語』〔子張編〕に「始めあり終わりある者は只聖人か〔ものごとの始めと終わりをきちんとできるのは、聖人のような達人である〕」とあるように、山で木樵《きこ》りが大きな木を切り倒すときには、切る前に切り倒したあとの姿まで見ておくのである。国〔藩〕の衰廃を復興して仕法を推進しようとする者は、あとあとのことまで考えて、きちんと「分度」という万全の法を立てておくべきである」(注4・6)〔分度については本章の五節を参照〕

尊徳の調査と企画のやり方は、詳細をきわめた徹底的なものであった。桜町仕法のときにかぎらず、いつの場合でも、丹念綿密な実態調査から事を始めている。

相馬仕法のときは、過去百八十年にさかのぼって各種のデータを分析し、その分析の結果に基づいて、今後六十年の仕法の計画を立案している。日光仕法のときに幕府当局に提出した「仕法雛形」という計画書は、八十四冊にものぼる膨大なものであった。

ところで、調査というものは、やればやるほど、悲観的な材料がたくさん出てきて、けっきょく、あれもできない、これもできない、ということになりやすいものである。しかしながら、悲観的な材料だけでなく、楽観的な材料もあるはずである。《三点見積り》という考え方に従って楽観値と悲観値と標準値を見積るなど、多角的な視野と長期的な展望とが肝要であり、なによりも冷静に判断する能力が求められるといってよいであろう。

また、計画を実行するのは、けっきょくは、《人》である。実行を担当する者たちの資質――能力や意欲、人望など――が重要な要因として、事の成否を左右するはずである。「事業は人なり」とはこのことをさす言葉である。

四　勤めれば得る、怠れば失う

――勤労による付加価値の増産をめざす

勤労こそが付加価値を産み出し、経済的な繁栄をもたらす源泉である。原始時代、人類がまだ農耕というものを知らなかった頃、人々は天然の木の実や草などを食べて、わずかに飢えをしのいでいた。しかし、やがて知恵のある指導者たちが現れて、田や畑を作り、米や麦などを人工的に栽培する技術を考え出した。ここから人類の生活は飛躍的に豊かなものになった。そして、人類が農耕を始めて以来、人間の勤労は主として農耕に注がれることになった。このようにして、農耕こそが国を開いたのだ、と尊徳は次のように語っている。

「わが法で荒地を開発するのは、一鍬一鍬起こし返す仕事を積んでいくのである。一鍬ずつ、一反歩《いったんぶ》ずつの努力をたゆまず積んでいけば、全天下の荒地も開き尽くすことができる」(注4・7)

尊徳は、また、『三世観通悟道伝《さんぜかんつうごどうでん》』という哲学的な著作の中で次のように述べている。（注4・8）

「得失発起すれば、年々歳々、勤むれば得、怠れば失うこと、止まず転ぜず」（何かを手に入れたり失ったりすることの元を考えてみると、勤めれば得られるし、怠れば失うのであり、このことは、いつでもどこでも間違いのないことである）

そして、このような考え方を次のような教訓にまとめている。これは尊徳によって「貧富訓《ひんぷくん》」と名づけられている。（『全集』第一巻「原理編」の三九頁「富貴貧賤《ふうきひんせん》の解」および、同五七五頁『報徳訓』第五九章「貧富訓」の二箇所にほぼ同様のものが収録されている。）

遊楽分外に進み　勤苦分内に退けば
すなわち貧賤《ひんせん》その中《うち》にあり
遊楽分内に退き　勤苦分外に進めば
すなわち富貴《ふうき》その中にあり

つまり、遊んだり怠けたりすることが度を過ごして、

図4-4

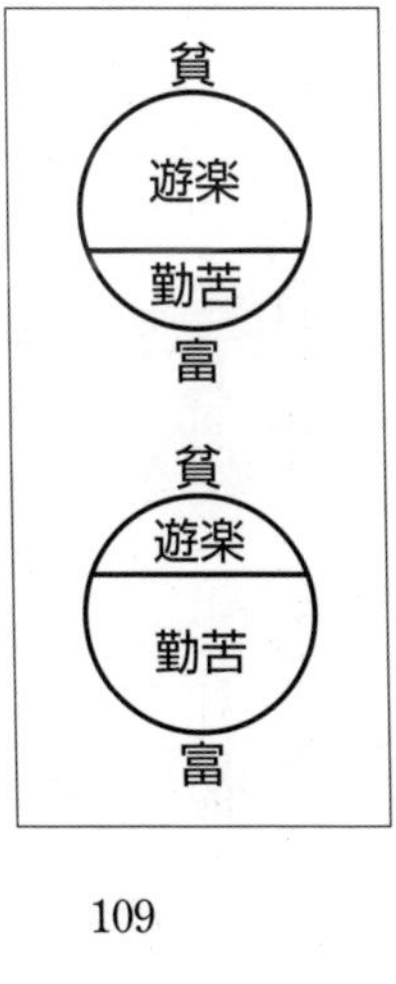

勤勉に働くということが不足してくると、貧乏になってしまい、反対に遊んだり怠けたりするのを控えて、一生懸命に働けば、豊かになる、ということである。

尊徳の教訓に従って勤苦・勤労を実践した六百を越える村々は、みごとに再生して、経済的な豊かさを取り戻したのである。「これこそが極楽浄土なのだ」と尊徳は次のように語っている。

「坊さんは極楽浄土を説いて、《地上には金銀が敷きつめてあるし、山には珠玉《しゅぎょく》が積み重なっている。海はといえば、サンゴ、コハク、ルリ、シャコ、メノウがいっぱいある》などという。人々はそれを聞いて、そういう所に生まれたいと願う。……今つくづく世の中を見渡すと、海に網を入れれば魚が得られ、田畑を耕せば百穀が得られて、年々歳々尽きることがない。これらは、皆、金銀や珠玉に換えられるものであり、たとえ換えられなくても、実際の値打ちは金銀や珠玉にまさるべきものである。実に我々の住む世界はこのとおり豊かなもので、これこそ真の極楽浄土ではないか。しかし、勤めればそういう宝が得られるが、勤めなければ得られない。よく勤めれば多く得られ、少なく勤めれば少しだけ得られる。実に絶妙の理法というべきだ。なんとこの世は尊ぶべき極みではないか(注4・9)」

五　仕法の根幹は「分度」——平均や標準を大切にする

仕法は分度を設定することから始まる。過去十年間の年貢収納額の平均値を「分度」として設定し、これを今後十年間領主に上納する限度額とする。そして、各種の施策を講ずることによって米の生産額が増加して増収となった場合は、年貢としては従来通りの比率で——たとえば四公六民の割合で——農民たちから徴収するが、その徴収額と分度との差額は《分度外の余剰》として扱い、荒地開発や借財償還、各種の福祉施策などに充当して、さらなる増収をめざしていくのである。（第二章第一節「3　年貢倍増十年計画を立案」の図2—1を参照）。

「天下〔日本全体〕には天下の分限があり、一国〔一藩〕には一国の分限があり、一郡には一郡の分限があり、一村には一村の分限がある。〔ここで言う「分限」とは、現代的に言えば、「標準的な収入」と見ていいようである。〕これは自然の天分である。天分によって支出の度を定めるのを「分度」という。

末世の今日、人々は皆、ぜいたくを追い求めて分度を守る者はきわめて少ないが、分度を守らない限り、大きな国〔藩〕を領有したところで、その不足を補うことはできない。分度を知らない者に至っては、なおさらのことで、たとえ世界を領有したところで、その不足を補うことはできない。

なぜならば、天分には限りがあるが、ぜいたくには限りがないからである。いったい、分度と国家との関係は、家屋と土台との関係のようなものだ。土台石があって初めて家屋が造営できるのと同様に、分度を定めた上で初めて国家が経営できるのだ。つつしんで分度を守りさえすれば、余財は日々に生じて、国を富ませ、民を安んずることができるのだ」(注4・10)

尊徳の次の言葉は、現代の多くのリーダーたちにとっては、耳の痛い言葉になるはずである。

「貧《ひん》と富《ふ》とは、分度を守るか分度を失うかによって生ずる。分度を守って、みだりに分内の財産を散らさなければ富に至るし、分度を失い、他から借財して分内に入れれば、やがて貧に陥るのである。

負債によって分内を補うのは、たとえばタライの水に石を入れるようなものだ。一つ石を入れれば石一つだけの水が減り、十個の石を入れれば、石十個分の水が減り、百個千個の石を入れれば、タライの水は皆なくなってしまう。実際、負債が家産を減らすのは、こういう具合で、ただ貧乏に陥るだけでは済まない。ついに家を滅ぼし身を滅ぼすようになる。用心しないでいられようか（注4・11）」

さらに分度というものは、一面では年貢率と同様に、勤労の成果——米の収穫量・生産量——を武士と農民の間でどのように配分するかというときの基準となる、という意味合いも持っている。

ここで、《分度》というものの持つ意味合いや性格を整理しておきたい。分度には、いくつかの側面がある。

①ある村や藩の過去十年間の年貢収納額の平均値。
②今後十年間、領主に上納する限度額。
③分度を設定する日的は、増収によって分度外の余剰を産み出して、それを荒地開発などに投資するためである。従って、分度は分度外（分外）と分度内（分内）とを分ける基準となるものである。
④分度の数字は過去の所産であり、現在の当事者にとっては他律的外在的に与えられたものである。また、尊徳の時代、藩や村の面積や石高（生産高）は、将軍や領主から与えられたものであり、仕法推進の当事者にとっては、やはり、与えられたものである。そこで、「天分」

とか「分限」と呼んでいるのである。
⑤さらに、分度には勤労の成果を武士と農民の間で配分するときの基準となるものである、という側面をもっている。

現代的にいえば、労働分配率や生産性などに関わる問題である。

ヒト・モノ・カネなどの生産要素がどのくらい有効に利用されたかを測定するモノサシが「生産性」である。ある製品を生産するために投入（インプット）された資源の量と、生産の結果として産出（アウトプット）されたモノの量との比率で表される。このうち、労働投入量に対する生産量の比率のことを「労働生産性」といい、普通に生産性といえば、労働生産性のことをさすことが多い。

労働投入量は、従業員数で表す場合と、労働

図4 - 5

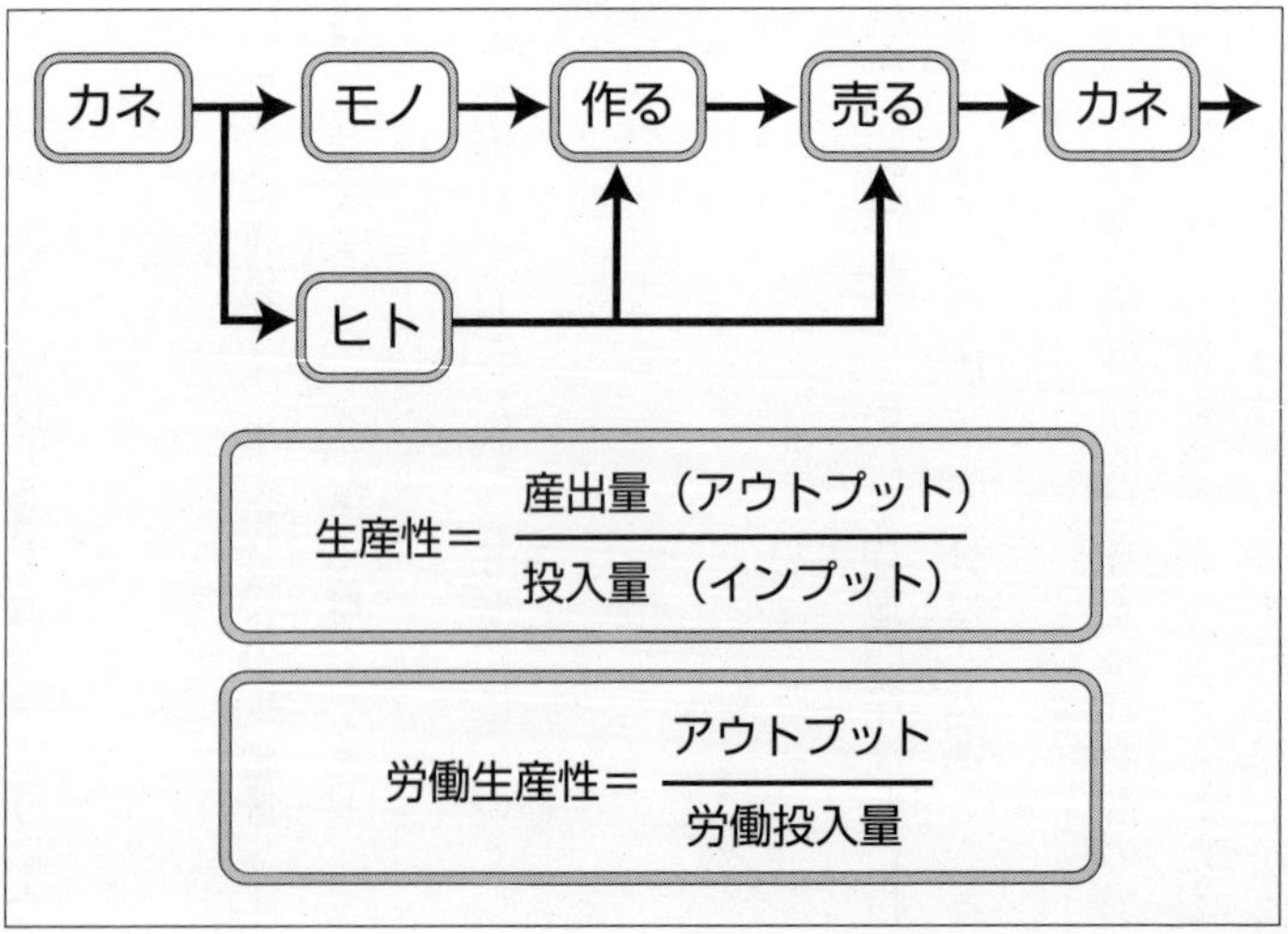

時間で表す場合とがある。また、付加価値額を従業員数で割ったもの、つまり一人当たりの付加価値のことを「付加価値生産性」という。

「付加価値」とは、ある企業がほかの企業から購入したモノやサービスの価値に、その企業が独自の生産活動や販売活動によって新しく産み出して付加した価値のことである。いわば、企業の《正味の稼ぎ高》である。計算の方式としては、売上高から外部購入価値（原材料費・外注加工費・燃料動力費・減価償却費など）を差し引くやり方が一般的である。

この付加価値額を従業員数で割ったもの、つまり一人当たりの付加価値額が「付加価値生産性」である。付加価値生産性は、いわば従業員の稼ぎぶりであり、経営活動の成果を労使で配分し合うときの重要な目安となるものである。なお、付加価値額の中で占める人件費（総額賃金）の割合が

図4-6

付加価値＝売上高 － 外部購入価値

$$\text{付加価値生産性} = \frac{\text{付加価値額}}{\text{従業員数}}$$

$$\text{労働分配率} = \frac{\text{人件費（総額賃金）}}{\text{付加価値}}$$

総額賃金＝付加価値×労働分配率

「労働分配率」である。

さて、分度は、このような成果配分の延長線として、農民たちの勤労意欲との関連でも重要なテーマである。指導的階層である武士の側からすれば、《意欲づけ》というテーマであり、実際に勤労に従事する農民の側からすれば、《働きがい》というテーマである。

第二章「彼はどうやって村々を救済したか」の全体を通読していただければわかると思うのだが、仕法という事業（プロジェクト）が展開されていくにつれて、農民たちが変化し、成長し、勤労意欲を取り戻していく過程を読み取ることができる。

仕法の仕組みの中には、農民たちが働きがいを感じて、主体的に仕法に取り組んでいくことを促進するような要因が組み込まれているのである。分度はそういう意味でも仕法の根幹であり、土台なのである。分度が設定されることによって、農民たちは従来のような苛斂誅求《かれんちゅうきゅう》（暴税搾取）から解放され、正当で適正な経済的報酬を手にすることができるのである。

分度のほかにも、さまざまな施策が仕法の仕組みの中に組み込まれている。たとえば、青木村仕法の場合で言えば、仕法を開始する前は、住居は破損したままに放置され、野原の茅《かや》は伸び放題で野火の原因となっていたが、やがて仕法が開始されると、茅を刈り取れば適切な値段で買い上げられ、しかもその茅で自分たちの住居の屋根を修理してもらえる。また、桜川の堰《せき》の改修工事のときも、相当の労賃が支払われているのである。

それに加えて、心がけのよい者や成績のよい者が皆の投票（入れ札）によって選ばれたり表彰されたりすることも、有力な心理的報酬――アメリカの行動科学者、フレデリック・ハーズバーグのいう「動機づけ要因」のようなもの――となっているはずである。つまり、勤労・労働というものを上からの強制によるのではなく、農民たちが自発的主体的に事業展開に取り組んでいけるような要因が仕法の仕組みの中に組み込まれているのである。

六「中」は大小貧富の母――矛盾を克服する統合の知恵

今回のテーマは前回の「分度」の続きである。さて、分度とは平均・標準・適度・中庸などという意味合いを帯びた用語・概念である。

「わが法で分度を立てるには、国家の《盛と衰、貧と富》の中《ちゅう》をとるのである。何を「中」というかと言えば、ものには人力を用いないで自然にとどまるところのものがある。糸で玉をつるして、左に引けば右にいき、右に引けば左にいき、しばらくは揺れ動いているが、ついにとどまるところがある。これが自然の「中」である。

衣服や寝起きでも同じことで、寒くて着物が欲しいときでも、十数枚も重ねて着ることはできない。飢えて食べ物が欲しい時でも、一度に何升《しょう》も食べることはできない。眠くなって眠るときでも一昼夜眠り通すことはできない。目が覚めて起きても、いつまでも起きていることはできない。なぜならば、おのずから体に適するところの「中」があるからだ。また、一年の間には寒い時と暑い時とがあり、日の長い時と短い時とがあるが、春分と秋分には昼と夜は等しく、寒さ暑さも平均していて、人間の体に最も適している。これもまた、自然の「中」である。

国家の盛・衰も同様で、盛んな時は酷暑の如く、衰えた時は厳寒の如く、共に人身に適さない。それゆえ、盛・衰、貧・富を平均して自然の「中」をとり、このようにして分度を立てれば、万世の基準とするに足りるのである。(注4・12)」

《報徳》という概念が尊徳独特のものであって、ほかの言葉で言い換えることができないのと同様に、《分度》という用語も、ほかの言葉で言い換えることはたいへん難しい。明治以後、尊徳研究の先人たちがいくつか試みているが(第六章「尊徳の影響を受けた経済人たち」参照)、正直なところ、「遠からずといえども、当たらず」という印象を拭いきれない。やはり、尊徳自身の《語録》――たとえば、斎藤高行の『報徳外記』『二宮先生語録』や富田高慶の『報徳記』など、直弟子として永年にわたり尊徳に付き従い、自分の藩に戻って仕法推進を実際に指導した人たちが伝えるもの――を通して、深く理解するように努力することが肝要であろう、と私は考えている。

「世の人は何かというと、増・減、大・小、貧・富、倹・奢《しゃ》を論ずるけれど、その原理を明らかにしていない。大はもとより限りがなく、小もまた限りがない。今、もし、禄高《ろくだか》十石の者を小とすれば、禄のない者もいる。十石をもって大とすれば、百石があり、千石があり、万石がある。千石をもって大とすれば、世間の人はこれを小旗本という。万石をもって大とすれば、やはりこれを小大名という。それならば、いったい、何を大とし、何を小とするのか。……全国の禄高と諸侯の数を比較して、初めて大小を論ずることができるのだ。

　千石の村で人民の数が百戸ならば、これを平均して割れば、一戸十石である。これは増でもなく減でもなく、大でもなく小でもなく、貧でもなく富でもなく、自然の「中」である。……儒教では、これを《君子の中庸》という。……そして、これに過ぎるものが増であり大であり富であり、これに及ばないのが減であり小であり貧である。十石の家で、その家計を営むのに九石を用いるのを《倹》といい、十一石を用いるのを《奢》という。そこで私はこの「中」というものを《増減の源、大小二つの名前の生まれ出る母》とするのである。[注4・13]」

この尊徳の言葉で分かるように、分度とは《中庸》という概念と重なっているのである。中庸とは、極端に走らないことであり、相反する二つの考え方ややり方があるときに、どちらにも片寄らず、できる限り両方を調和・統合して最適の合流点を見つけ出そうとすることであり、古来、洋の東西を問わず、《賢者の知恵》と呼ばれているものである。

ことわざには「急がば回れ」と「善は急げ」とか、「二度あることは三度ある」と「三度目の正直」などのように、相反する内容をもったものが少なくない。実は、これらはそれぞれ真理なのであり、ある場合にはこちらが当てはまるが、別の状況では反対のものが妥当するのである。

たとえば、卑近な例で恐縮だが、二度お見合いに失敗した若い女性が三度目のお見合いをしようとしている時に、彼女に向かって「二度あることは三度ある」と言ったのでは、本人の気持ちをくじいてしまう。「三度目の正直」と言って励ます方がベターであろう。さらに、「ただし、《二度あることは三度ある》とも言うから、気をつけたらいいよ」とでも言い添えるならば、さらにベターかも知れない。

もう少し固いテーマで考えてみよう。問題解決やミーティングの最後に結論を出す段階になったとき、A案を採用するかB案を採用するかという緊迫した局面が生じることがある。とりわけ、A案とB案とが互いに相互する内容のときは、なおさらである。

たとえば、品質とコストとの関係などは典型的な場合で、コスト・ダウンだけを強行しようとすると、欠陥製品を作ってしまうことにもなりかねず、さりとて、逆に品質向上だけを強調すると、コスト高の過剰品質になりやすく、品質とコストとが互いに《綱引き》のような矛盾し合う状況におかれているわけである。

このように、二つの事柄が《綱引き》のように互いに対立し合っている状態のことを「トレード・オフ」というが、その矛盾し合う事態をよく認識し、それを克服して統合的な最適の解答を造り出していこうとすることを「オプティミゼーション」（最適化）という。

たとえば、《シャベルでジャリをすくう》という作業の例で考えてみよう。大きなシャベルを使えば、一度に大量にすくえるが、疲労が大きくなるので回数をへらさなければならず、小さいシャベルを使えば、一回の動作での疲労は小さくてすむが、回数をふやさなければならないので、時間がかかる。このように互いに矛盾し合うさまざまな条件の中から、どのくらいの大きさのシャベルで、一分間に何回くらいの動作で行なうのが最も適切か、という解答を、実験や観察や計算などによって引き出し、そうすることによって互いに矛盾し合う要因を克服し統合できるような最適の結論を導き出そうとするのが《オプティミゼーション》である。

また、最適解答には、部分的な最適解答と全体的な最適解答との区別があ

図4 - 7

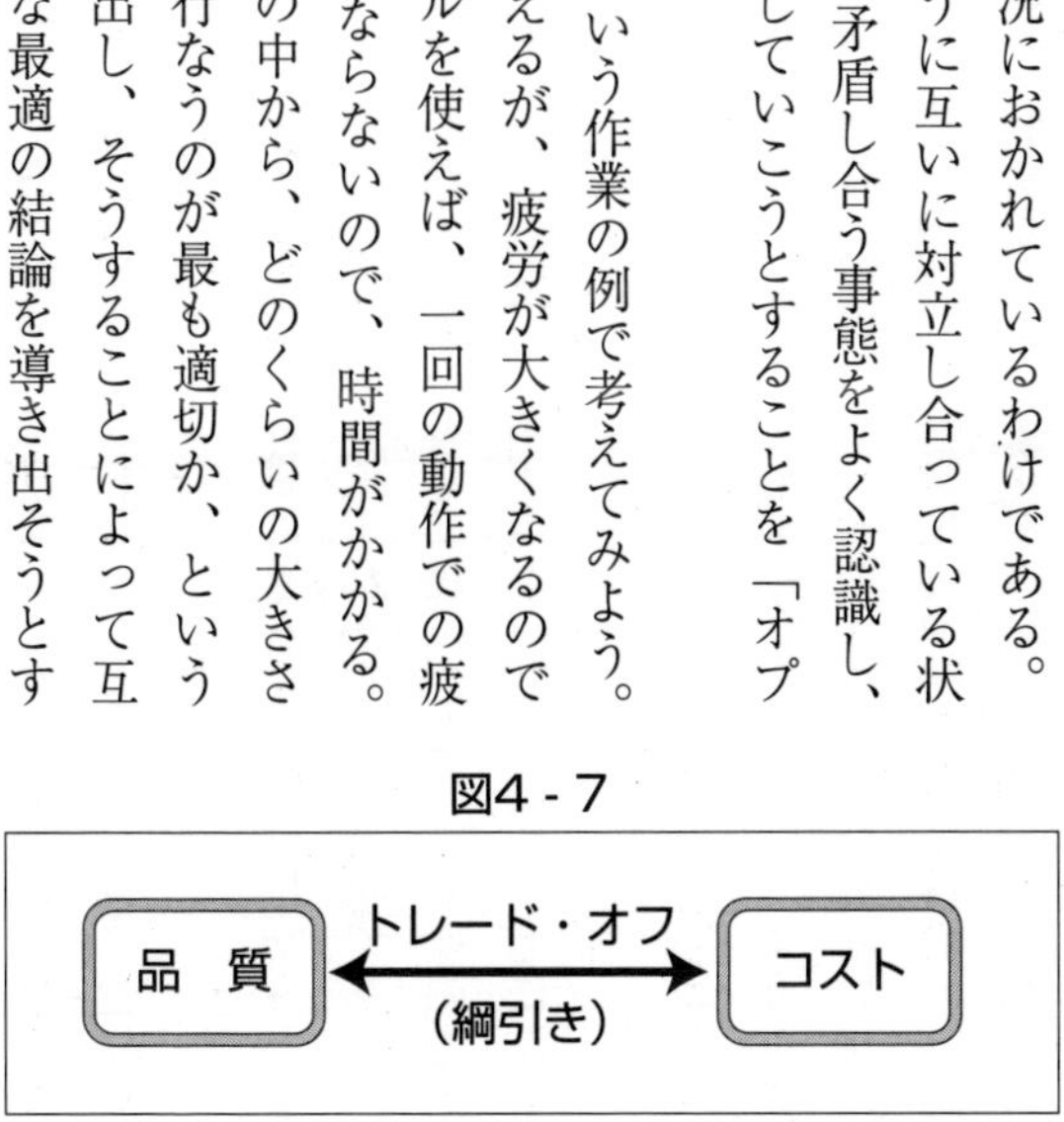

ることも心得ておくべきである。たとえば、営業部門だけの主張にもとづいて、市場占有率の拡大を最優先の目標とした場合、値引きによる採算割れや、不良債権の増大、販売促進費の膨張などが発生して、全体としての企業収益を悪化させてしまうようなことが生じないともかぎらない。《木を見て、森を見ない》というような部分最適にとらわれることなく、常に全体的な最適解答をめざすような広角的な視覚が求められているといってよいであろう。

要するに、状況や課題を的確に把握して、その中から最善の最適の解答を見つけ出そうとする基本的なスタンス（態度、姿勢、心がまえ）が肝要なのであり、これが中庸の精神である。

このように、分度というものを中庸という性格を備えたものとして捉えたとして、そのことを前節で述べた生産性や付加価値、労働分配率などの問題に適用すると、どういうことになるのだろうか。

結論を先に言ってしまえば、《賢者の知恵》を活かすべし、ということである。たとえば、労働分配率に関していえば、けっきょく、「適正な……」とか「適切に……」というような表現をするしか方法がなさそうである。では、どのくらいが適正か、ということになれば、諸外国や同業他社の例、景気の動向、当社の収益の現状や見通し、設備投資や研究開発投資の計画など、諸般の事情を総合的に判断して、《賢明に》判断すべきであろう、ということになる。

このほかのもろもろの経営指標についても同様である。モノやカネなどのフローの入り口（インプット、コストなど）と出口（アウトプット、売上げなど）、およびストック（資産、負債、利益など）のすべての点において、分度（節度、適度、中庸）という考え方を持続的に保持し適用していくべきだ、ということである。この通りにできたならば、バブルに踊らされる、などということも起きなかったであろう。

さらに、この考え方を広く社会全般に推し及ぼしていくならば、《持続可能なリサイクル型の社会経済システムの構築》という考え方に辿り着くはずである。そして、このことを尊徳は《いっぱいせかいのふえせかい》（第三章「実践哲学としての《報徳訓》」参照）という言葉で表明しているのである。

七　売り買いの二つの恵みなかりせば――社会的経済的な分担と協力

尊徳の時代は、士・農・工・商という封建的な身分制度のある時代であり、農民出身の尊徳は、この重圧の下で大変な苦労を強いられたのだが、しかしながら、尊徳の意識の中では、士・農・工・商というものは、身分や階層のタテの秩序というよりは、――むろん、そういう側面は当時としては重大であるが――むしろ、社会的経済的な分担と協力の関係なのであり、持ちつ持たれつの相互依存的なヨコの関係なのである。

《農》は米や麦、野菜などを作り、《工》は道具や家具、着物などを作る。《商》はあちらからこちらへ、有るものと無いものとを通じ合わせる。山奥で海の魚が食べられるのも、海辺で山の材木が利用できるのも、商人たちのおかげである。次の歌からもよくわかるであろう。

売り買いの　二つの恵み　なかりせば　いずくの果てに　咲くやこの花

《士》は行政や司法、福祉などの大切な役目を果たす。彼は次のような歌を詠んでいるが、自身が小田原藩や幕府の行政官に任じられているので、自戒の気持ちが込められているように思われる。

もろびとの　苦楽の元を　業《わざ》として　勤め尽くさん　幾代ふるとも

このように尊徳の意識の中には、《社会・公共》という観念（考え、思想、コンセプト）が明確に的確に刻印されていたのである。そして、尊徳は「人道（人倫の道）とは、もろもろの恩徳——天地自然の恩徳と社会の人々の恩徳——に報いるために自分の勤めを果たすことである」と次のように語っている。

「過去をかえりみれば、きっと恩を受けて返さなかったことがあろう。また徳を受けて報いなかったことがあるに違いない。報いることを思わない者は、必ず過去の恩を忘れて、目前の徳をむさぼり受けるものだ。だから、貧賤《ひんせん》がその身を離れない。報いることを思う者は、必ず過去の恩を覚えていて、目前の徳を追い求めようとしない。だから富貴《ふうき》がその身を離れないのだ。なぜかといえば、恩を返し徳に報いるということは、百行〔百の行ない〕の元、万善の源だからである。

まず、体の隅々《すみずみ》まで自由に動かせるのは《父母》の恩である。その恩に報いるのを《孝》という。禄位《ろくい》があって人に敬われるのは《主君の恩》である。その恩に報いるのを《忠》という。わが田を安らかに耕し、わが家に安らかに住んで、父母妻子を養うことができるのは《国家治世の恩》である。その徳に報いるのを《納税〔輸租〕》という。穀物や野菜を産み出して人の身を養い、安らかに生活できるのは《田畑の徳》である。その徳に報いるのを《農事に励む》という。日用の品物が何でも欲しいときに手に入るのは《商人の徳》である。その徳に報いるのを《代金を払う》という。金を借りて用を足すことができるのは《貸し主の徳》である。その徳に報いるのを《利息を返す》という。そのほか一々数えあげたらきりがない。こうしてみれば、《人道》とは《恩を返し徳に報いる》ということにつけた名前なのだ。人たるものは、どうして報いることに勤めないでよかろうか（注4・14）」

ところで、斎藤高行や富田高慶と並んで、もう一人の直弟子に福住正兄《ふくずみまさえ》がいる。彼は相模国《さがみ》大住《おおすみ》郡片岡村（現在の神奈川県平塚市片岡）の名主・大沢市左衛門の五男で、大沢家が尊徳の指導を受けていた縁で、斎藤高行とほぼ同じ頃（弘化二年秋）、二宮塾に入門した。後に福住家に婿入りし、家督を譲ったあとは正兄と名乗った。そして、明治十七年〔から二十年までの三年間に〕、尊徳に随身した時に学び取ったことを『二宮翁夜話』という本にまとめて公刊した。この本は、当時、富田高慶の『報徳記』と並んでベストセラーとなり、各方面の人々に大きな影響を与えた。その『二宮翁夜話』の中で、尊徳は次のように語っている。

「ある人が尋ねた。——私は借りも千円です。貸しも千円です。どうやったら一番いいでしょうか。翁が言われた。——それはまことにおもしろいことだ。そなたが借り方に向かって言う気持ちで貸し方に言い、そなたの貸し方に向かって言う気持ちで借り方に向かって談判するがよい。そうすれば両全だろう（注4・15）」

この尊徳の言葉も示唆に富んだ教訓である。たとえば、デパートや旅館などにかぎらず、どの商売でもお客様は神様の如くに扱うとされているが、まったく同じ心がまえで仕入れ先や出入り業者などにも接するべし、ということになるわけである。

八　天地と共に行くべし——自然の恩徳と社会の恩徳を知る

福住正兄の『二宮翁夜話』に次のようなことが書かれている。

「天地の真理というものは、不書の経文から読み取らなければ見えないものだ。この不書の経文を見るには、肉眼で一度ずーっと見渡して、それから肉眼を閉じて、心眼を開いてよく見るがよい。どんな微細な理でも、見えないということはない。肉眼で見えるものには限りがあるが、心眼で見るものには限りがないからだ」(注4・16)

まさに尊徳は天地自然の理法を鋭い心眼で深く読み取ったのである。尊徳のものの見方・考え方が極めて合理的で科学的であることは、仕法の計画立案や実践の様子を見れば、ひと目でわかる。この科学的な思考方法は、天地・宇宙・生物の生成・進化・発展にも推し及ぼされ、現代科学の宇宙生成論や生物進化論と対比しても、ほとんど相違がないほどである。尊徳の洞察力（心眼）の鋭さには驚嘆するばかりである。

「世界の初めを考えると、最初は混沌たるものであったが、それから澄んだものと濁ったものとが分かれ、おのずから開けて天地となった。そして日と月が運行し、昼と夜が循環し、寒さと暑さが往来し、風や雲が雨や露、雪、霜などをもたらすようになったが、まだ生物を生じないままで幾万年もたった。これがつまり神世《かみよ》というべきものであろう。そのうち、春から夏にかけて、雨や露の潤すところに初めてこけ類が生じ、そして秋から冬にかけて雪や霜が降れば枯れて滅びた。年々生滅を繰り返して、地味の肥えたところに草や木が生じた。それから虫や魚が生じた。それから鳥や獣が生じた。それから人類が生じた。それがまた幾万年たったかわからない長い間のことである。……

こうして、草木・虫魚・鳥獣が生じてから人類が生じた。そこで草木・虫魚・鳥獣をもって衣食とし、わずかに飢えと寒さをしのいだが、まだ人道〔人倫の道〕が立たないままで、また幾万年かたった。

そののち、優れた指導者〔原文「神聖」〕が出現して、五穀九菜《ごこくきゅうさい》の種を選び、湿地を開いて水田とし、乾地を開いて畑として、農業の道を教えた。それで初めて五穀が熟し、食物が足りるようになったのだ（注4・17）」

まるで西洋近代の博物学者・ビュフォンや進化論者・ラマルク、ダーウィンなどの生物進化論を読むような思いである。

もうしばらく尊徳の言葉に耳を傾けていただきたい。

「天地間に生ずるものは、人類・鳥獣・虫魚・草木とおのおの類が分かれ、大小・強弱・貴賤の相違があるけれど、皆、ことごとく天の分身である。なぜならば、かげろう・ぼうふら・細かい草のような微細なものでも、造化《ぞうか》〔天地宇宙のすべてのものを創造した造物主〕の力によらなければ生ずることができない。それゆえ仏教では活如来《いきにょらい》〔この世に生きている仏様〕と言ったり、悉皆成仏《しっかいじょうぶつ》〔皆ことごとく仏に成る〕と説いたりするのだ」(注4・18)

「人間の体は天地の霊気によって成り立っている。だから私物ではないのだ。それなのに、その恩を知らず、それに報いることを思わず、むやみに私欲をほしいままにする者は、天地が必ず罰する。恐れ慎まないでよかろうか」(注4・19)

尊徳の言うとおり、万物は《天地の令命〔霊命〕》から開闢《かいびゃく》して生々発展してきたのである。草木も虫魚も鳥獣も、そして人類もそうなのだ。われらは天の分身であり、天地自然のものなのである。

尊徳は、天保四（一八三三）年九月の『日記』の中で、次のように書いている。(注4・20)

「人は天地間に生じ、天地間の物を喰らい、天地間に成長し、天地間に住む。ゆえに、天地と共に行くべし、天地と共に勤むべし、天地と共に尽くすべし。元来我が身我が心は天地のものにして我がものにあらず。我が身と我が心、我がものならざることを知りはべらば、人として不足なし、不自由なし。心の欲するところに成就せざることなし」

天地と我とは一体なのだ。そして、等しく天の分身である我ら人類・同胞と我と一体なのである。現代的な言い方をするならば、自然との共生・共感であり、人類・同胞との共生・共感である。尊徳は『万物発言集』という哲学的な著作の中で、「天地と我と人と一体なり」(注4・21)と書いている。このことを哲学として頭で考えるだけでなく、尊徳は全身全霊で実感していたのである。

尊徳の哲学思想は、世界的に見ても最高レベルのものだが、しかも、それはあくまでも《実践の哲学》である。尊徳は「精神修養の山道を登って、その頂上を究めたならば、修行の山道を降りて、衆生《しゅじょう》の済度《さいど》〔民衆の救済〕のために尽すべきだ」ということを繰り返し力説している。

「経書《けいしょ》〔儒教の『論語』や『大学』などの経典〕を読む者は、人を救い導くという心がまえを持たねばならぬ。なぜならば、経書は人を救い導く道を記したものだからである。……経書を読んで道を会得し、幸いに聖賢の境地にまで達し得たならば、よろしく民衆と共に生活し、これを導き、みずから倹約して余財を推し譲り、広く施《ほどこ》し救う道にいそしむべきである(注4・22)」

「仏徒が悟りを尊ぶのは、まだ迷界から抜け出ていないものだ。すでに悟ってしまえば、何もそれを尊ぶに足らない。……すでに悟りの境地に達したならば、ふたたび迷界に入って済度に務めるほかない。……我が法は神・儒・仏の三道を実行するのだ。だから人生において無上の良法なのだ(注4・23)」

引用ばかり多くて、いささか恐縮ではあるが、尊徳の理論の根底には、ここで紹介したように、天地・宇宙を見据えた広大な思想と、きわめて倫理的道徳的な思想がその根底にあることを知って欲しかったからに他ならない。

九　天地人三才の徳に報いる——自己の勤めは恩徳に報いること

天地自然の理法に対する尊徳の鋭い洞察には驚嘆するばかりである。それと同時に、天地自然の摂理（配剤、恩恵、プロビデンス）ともいうべきものに対して、尊徳が深い畏敬や感謝の念を抱いていたことも銘記しておくべきである。だからこそ、「恩徳—報徳」というようなきわめて倫理的な思想体系を構築することができたのである。

「百花・紅葉も、百穀・野菜・果実も、みな草木自身の力でできるものではない。ことごとく造物主〔原文のまま〕のしわざなのだ。けれども、それは見聞〔見たり聞いたりする能力〕の及ぶところではない。それゆえ人々は草木自身の力と思っている。……人間もまた同様で、身を修め、行ないを慎しみ、知識・才能・技芸によって栄達の幸福を得るとしても、みな《祖先の陰徳〔人に知らせずにひそかにする善行〕》《代々の積善〔そのときそのときにしてきた善行〕》および《神霊の加護》の力によるものであって、一つも自力で成しうるところではないのだ。それを見聞が及ばないばかりに自力によると思い込んでいる。大きな間違いではないか[注4・24]」

さて、《報徳》については、第三章「実践哲学としての《報徳訓》」の中で、あらましを解説しているが、《天地自然の理法や摂理》との関連を念頭におきながら、ここではさらに発展させて考えてみることとしたい。

「わが道は徳に報いるにある。徳に報いるとは何か。天・地・人三才〔天と地と人《じん》の三つの働き〕の徳に報いることである。三才の徳に報いるとはどういうことか。日月が運行し、四季が循環し、万物を生成してやむことがないのは《天の徳》である。草木百穀が生じ、鳥獣魚類が繁殖し、人をして生命を養わせるのは《地の徳》である。祖先が人道〔人倫の道〕を設け、王侯が天下を治め、家老武士が国家を守り、農民が農業に勤め、工人が大小建築物を造り、商人が有無を通じて、人生を安らかにしているのが《人《じん》の徳》である。三才の徳というものは、何と大きなものではないか[注4・25]」

現代的にいえば、天地とは《自然《ネイチャー》》のことであり、人《じん》とは《社会（または社会の人々）》のことである。

「人が世にある以上は、三才の徳によらないものはない。ゆえに、わが道は、その徳に報いることを本とするのである。上は王侯から下は庶民に至るまで、おのおのその天分にとどまり、節度を立て、勤・倹を守り、分外の財を譲って報徳の資材とし、これによって荒地をひらき、負債をつぐない、貧窮をめぐみ、衰村を立て直し、廃国を興こす。その実施は、一家からして二家に及ぼし、一村から二村に及ぼし、漸次、一郡・一国・天下に及ぼし、ついに海外万国に推し及ぼすのであって、これぞ天地人三才の徳に報いるゆえんなのである(注4・26)」

報徳とは、過去・現在の自然や社会のもろもろの恩徳に感謝して、その恩徳に報いるために、自分の最善の勤めを果たすことである。何かの目的のための手段でもなく、何かの見返りを期待して何かを行なうことでもない。報徳それ自体が目的だといってもよいであろう。「餓死するときでも鍋釜を洗え」と尊

図4-8

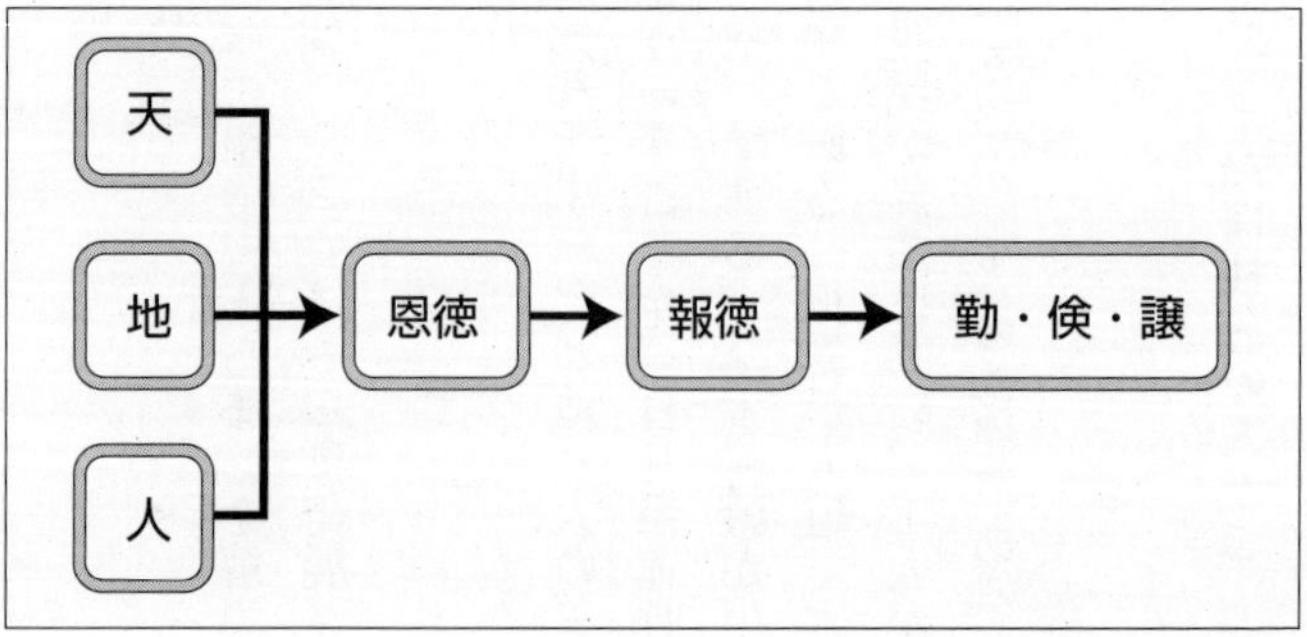

徳は次のように語っている。

「報徳の心を持ち続ける者は、必ずその家を富ます。報徳の心を忘れる者は、きっと貧困を免れない。これは理の必然である。人が食事をするには、毎日、鍋や釜、皿、茶碗などを用いるが、食べ終わってこれらを洗うのは、その次また使うためだろう。もし食物がもうなくなって、この次使う当てがなければ、洗わずに放っておくに違いない。これは毎日使ってきた鍋釜の恩徳を忘れたものだ。このように恩徳を忘れるような者は、一生、貧困を免れない。たとえ餓死しようというときになっても、これらを洗って戸棚にしまうとすれば、これは毎日使った鍋釜の恩徳に報いるものであって、このような心がけの者は、必ず家を富ます。貧・富、得・失の分かれ目は、徳に報いるか、徳を忘れるかにあるのである」(注4・27)

十　奪うに益なく、譲るに益あり――自助と互助の協働社会づくり

勤労によって得た自己の収入の中から、分度を立てて余財を産み出し、その余財の一部を社会・公共のために提供することを、報徳の用語で「譲（または推譲）」という。尊徳の村おこしの仕法の事業は、ほとんどの場合、何人かの人の推譲によって始められ、やがて多くの人たちの勤労と推譲に支えられて達成されていった。

天保七（一八三六）年の飢饉《ききん》救済の直後に開始された烏山藩の仕法のときは、まず家老の菅谷《すげのや》八郎右衛門が尊徳の勧めに従って俸禄を辞退し、弓矢や馬具などのうち今すぐ必要でないもの七十五点を売却して、その代金を仕法のための基金に推譲した。これに続いて、藩士二百四十二人、および領内の町人や農民など千二百六十人から総計百八両、米二百俵の推譲がなされ、領内の機運は大いに高まった。

また、小田原藩では、曽比《そび》・竹松・西大友などいくつかの村で仕法が実施され、勤労・推譲・相互扶助などに数多くの美談を残した。道路工事や用排水工事などには、千人を超える多数の人

たちが無償の労力提供を申し出た。老人たちは喜寿や米寿の祝いにもらったものを報徳金（事業資金）のために差し出した。小さな子どもまでが、せっかく買ってもらった晴れ着を推譲したり、道で拾った小銭を仕法の世話係へ届け出たりしたのである。

晩年の尊徳は特に「推譲（譲）」ということを強調した。人々が互いに報徳の心で推譲し合うような協働（共同）社会の建設を願っていたのである。推譲に関しては数多くの訓戒を残している。

「身近なたとえを引けば、この湯ぶねの湯のようなものだ。これを手で自分のほうへかき寄せれば、湯はこちらへ来るようだけれども、みんな脇から向こうのほうへ流れ帰ってしまう。これを向こうへ押してみれば、湯は向こうのほうへ行くようだけれども、やはりこっちのほうへ流れて帰る。少し押せば少し帰り、強く押せば強く帰る。これが天理なのだ。

……人間の手は自分のほうへ向いて自分のために便利にもできているが、また向こうのほうへ向いて、向こうへ押せるようにもできている。鳥獣の手は、これと違って、ただ自分のほうへ向いて自分に便利なようにしかできていない。人と生まれたからには、他人のために押す道がある。それなのに、わが身のほうに手を向けて、自分のために取ることばかり一生懸命で、先のほうに手を向けて他人のために押すことを忘れていたのでは、人であって人でない。鳥獣と同じことだ。なんと恥ずかしいことではないか。だから、私は常々、《奪うに益なく譲るに益あり、譲るに益あり奪うに益なし、これが天理なのだ》と教えている（注4・28）」

譲るのは金や物だけではない。

「金や穀物ばかりの譲りではない。道も譲らなければならぬ。畦《あぜ》も譲らなければならぬ。言葉も譲らなければならぬ。功績も譲らなければならぬ。そなたたち、よく勤めるがよい（注4・29）」

推譲とは、公共的な性格の強いものであり、単なる慈善や寄附ではない。現代的にいえば、税金や社会保険料などの公的負担である。このような公的負担を自覚した人々が互いに余財を出し合い、それによって互助と連帯の共同体づくりをめざしたのが、報徳仕法なのである。現代的にいえば、「自立と連帯の協同社会の建設」をめざしたものである、といってよいであろう。

この点、アメリカの経営学者、チェスター・I・バーナード（一八八六―一九六一）の「協働体系（コオペラティブ・システム）」という考え方と大変よく似ている、と私は考えている。バーナードのいう《協働体系》とは、《ある目的を達成するために自由意志を持った人々が集まって結成する協力のシステム》のことである。現実の実在の組織について分析したものというよりは、バーナードの理想や願望を表明したものと理解したほうがよいようだが、しかしながら、バーナードは「協働体系は必ず実現できる」とその信念を次のように表明している。

「私は自由意志を持った人々による協働の力を信じる。協働を志す場合にのみ、完全な人間的な成長が得られる。協働の発展と個人の成長とは相互に影響し合い、それらの適切なバランスが人類の幸福を増進するための必要条件である、と私は信じている」（バーナード『経営者の役割』最終章。邦訳　ダイヤモンド社）

十一　わが願いは心の荒地を開くこと――《鳥獣の道》から《人倫の道》へ

天保十三（一八四二）年、五十六歳のとき、尊徳は幕臣に召し抱えられたことはすでに述べた。だが、その後、いろいろな事情が重なって、尊徳には仕事らしい仕事が与えられていなかった。二年後の弘化元（一八四四）年、久しぶりにご下命があり、日光東照宮領二万石の仕法に取り組むことになった。このことを聞いて喜んだ福住正兄（当時は大沢政吉。二宮塾への入門は翌弘化二年十月）やその兄の大沢勇助らがお祝いのために尊徳の許に駆けつけたところ、彼らに対して尊徳は次のような厳しいことを言っている。

「私の本願は、人々の心の田の荒廃（荒蕪）を開拓して、天から授かった善い種、すなわち仁義礼智というものを培養して、この善種を収穫して、また蒔《ま》き返し蒔き返して国家に善種を蒔き広めることにあるのだ。ところが今度の命令は土地の荒廃の開拓なのだから、私の本願と違うことはそなたも承知のはずではないか。それなのに遠くから来て、この命令があったのを祝うとは何ごとだ。それも《本意にそむいた命令ではありますが、命令とあっては余儀ないことで、及ばずながら私どももお手伝いいたしましょう》とこう言うなら、喜びもしよう。さもなければ、私は喜ばない。そもそも我が道は、人々の心の荒廃を開くのを本意とする。一人の心の荒廃が開けたならば、土地の荒廃は何万町歩あろうと心配することではないからだ」（注4・30）

人々の「心田開発」——怠・奢・奪から勤・倹・譲への心田開発——をすることこそ、生涯をかけての尊徳の願いだったのである。

怠・奢・奪（怠け・奢り・奪う）は鳥や獣の道——鳥獣道——であり、勤・倹・譲こそ人間として踏み行なうべき「人倫の道（人道）」である。現代的にいえば、倫理的道徳的な行為規範——行動基準、モラル・コード——である。そして、このような人倫の道は、その昔、堯《ぎょう》や舜《しゅん》などの古代の聖賢たちが万人の幸福のために樹立したものである、と尊徳はいう。

「人倫の道は、人が作ったものである。鳥獣の道は自然に成り立つ（注4・31）」

「聖人は天理に基づいて大法を作り、それによって天下を治めた。それゆえ法というものは人為であって自然ではないのだ。これを畑にたとえれば、耕したり草取りをしなければ、たちまち野原になってしまう。またこれを頭の調髪にたとえれば、調髪をしない限り、たちまち髪ぼうぼうになってしまう。だから耕作や調髪は、みな人為であって自然ではないのだ。

国家を治める者は、よろしくその道理を悟り、努めて人為の大法を厳にすべきである。思うに聖人は推譲をもって人倫の道とし、略奪《りゃくだつ》をもって鳥獣の道とした。譲れば財貨は日々に増し、奪えば財貨は日々に減ずる。ここに芋が一つあるとする。これを奪って食えば一つの芋にとどまる。これが貧困の本なのだ。これを譲って植えれば十個の芋が得られ、再三繰り返して植えれば倍増すること限りがない。これが富栄の本なのだ。聖人は大法を設けて略奪を禁じ、推譲を勧め、そうして四海〔世の中全体〕を富ませ、長く天下を保った。聖人の欲するところも、なんと大きなものではないか（注4・32）」

なお、推譲については「自譲」と「他譲」の二種類がある。勤・倹の成果である余財を自己（または子孫、あるいは自社）のために譲り残すこと〔すなわち貯蓄や投資〕を「自譲」といい、社会・公共のために押し譲ること〔税金や社会保険料などの公的負担〕を「他譲」という。

さて、今ここで考察している《心田開発》とは、現代的にいえば、「態度変容」とか「動機づけ（意欲づけ）」の問題であるといってよいであろう。人間の《心》や《本性》が深く関わってくるテーマである。

ところで、人間の本来の性質が善であるか悪であるかという議論と関連づけていうならば、尊徳の人間観は性善説でもなく性悪説でもない。人間の心の中には《善の心》と《悪の心》が共に存在していると見るのが尊徳の人間観だからである。[注4・33]

では、その善心と悪心のそれぞれの分量はどうなっているのだろうか。長い目で平均的に捉えれば、均等に存在しているのだろうか。そうではない。圧倒的に――といっても過言ではないほどに――《悪

図4-9

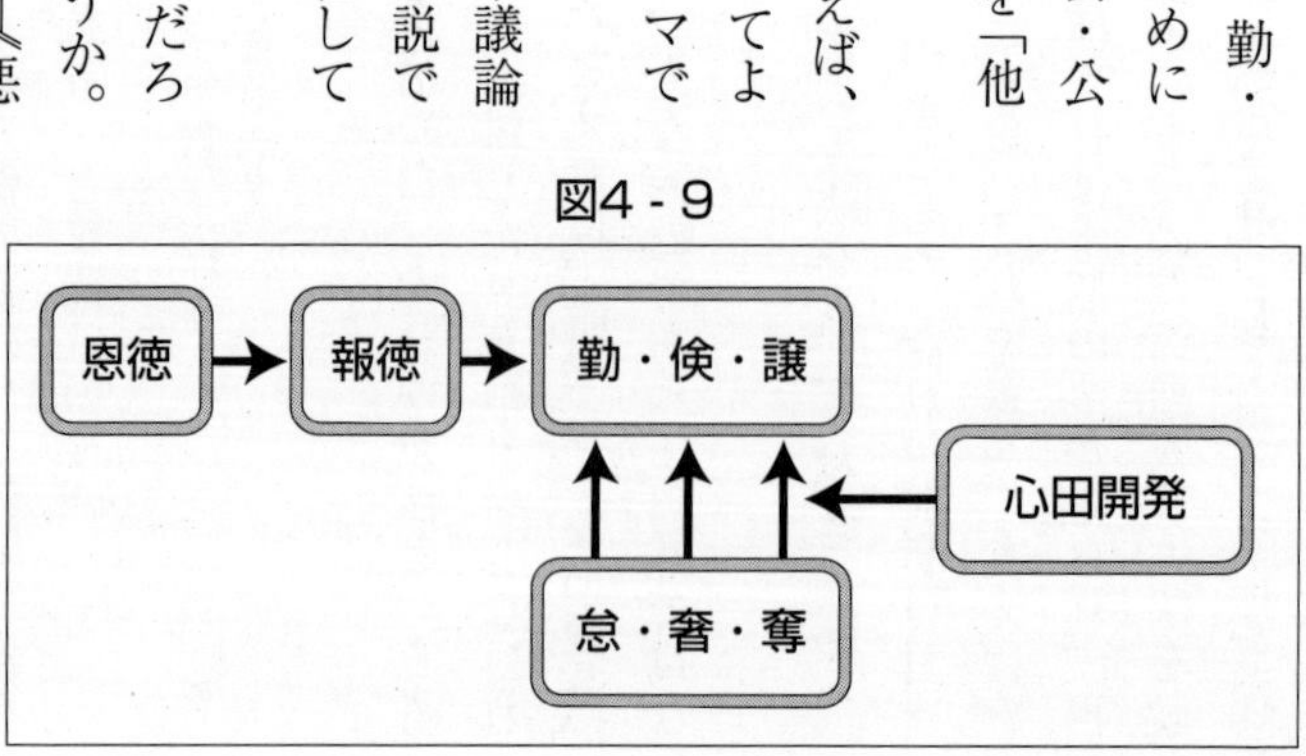

の心》のほうが大きく強いのである。だから、尊徳の人間観は、かなり性悪説に近いというべきである。『書経』（大禹謨《たいうぼ》編）の中の「人心」「道心」という用語を借りて、彼は次のように述べている。

「『書経』（大禹謨編）に《人心これ危うく、道心これ微《かす》かなり》とある。

人心とは何かといえば、肉体に基づいて人欲から出るところのものである。これは、たとえば荒地のようなもので、雑草を刈り取って開いて新田にしても、日々に雑草が生じて元の荒地に戻ろうとする。だから、まことに《危うい》ものである。

では、道心とは何かというと、肉体を離れて天理から出るところのものである。これは、たとえば良田のようなもので、深く耕して稲を植えても、草取りや肥やしかけに努めなければ、やがて荒地になってしまう。だから、《微《かす》か》だというのである。

そうしてみると、その危うい人心を治め、微かな道心を広めるには、精農が耕し草取りに努めるようにしなければならぬ。私が心の荒地を開墾するのが先務だと説くわけは、ここにある。

図4 - 10

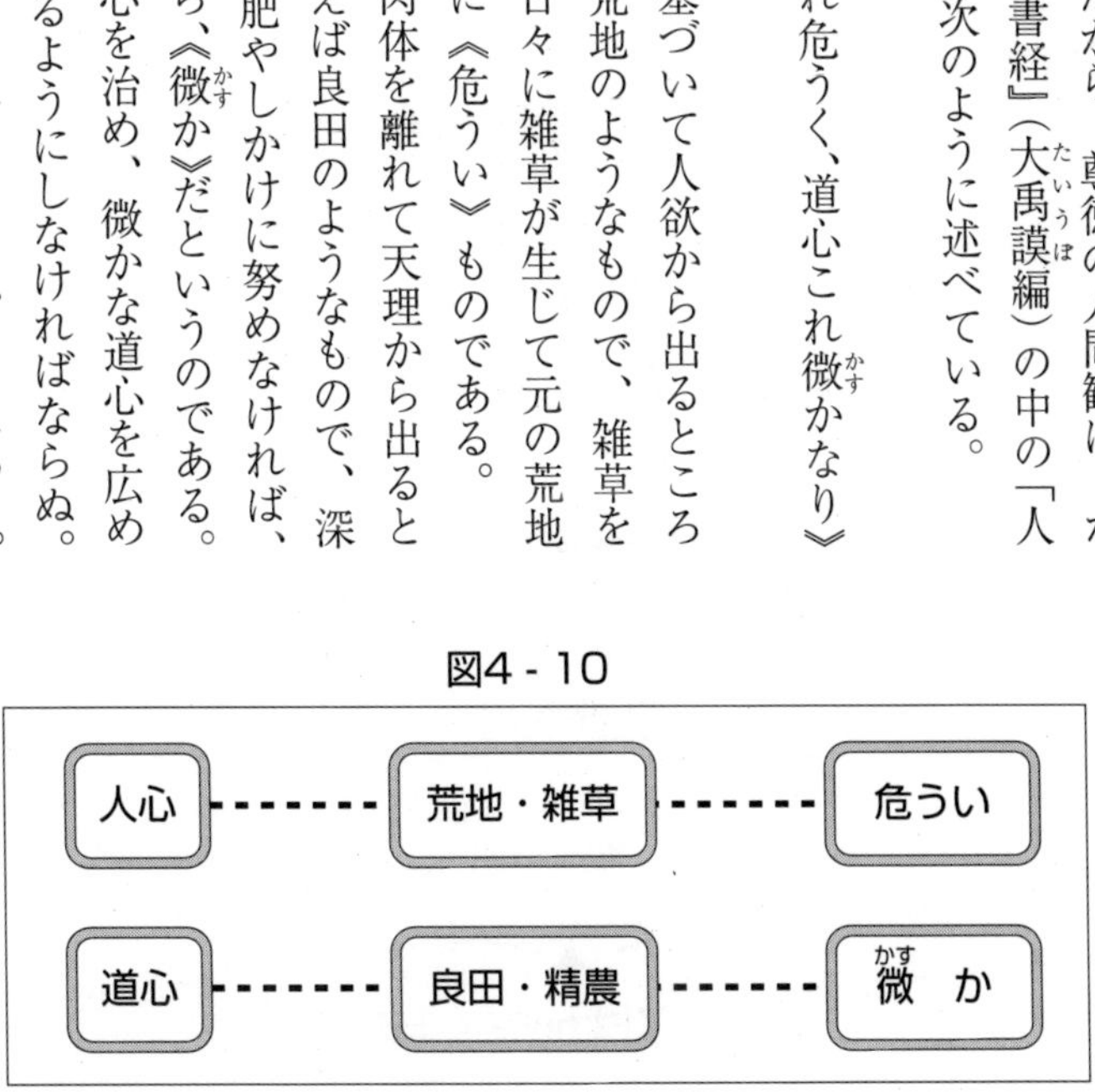

わが道を行なう者は、よろしく人欲の火を抑え、天理の水を注いで、心田を治めるべきである(注4・34)」

人倫の道(人道)を実践することがいかに難しいか理解できるであろう。皆が手をこまねいて、ものごとを成り行きのままに――人欲の火の燃えさかるのにまかせて――傍観し放置しておくならば、この人間世界は互いに奪い合い競い合うだけの鳥や獣の世界と同じことになってしまう。誰かが率先して人倫の道を踏み行ない、それを周囲に推し及ぼしていくならば、この世に《勤・倹・譲の理想郷》が実現できるはずである。実際に尊徳や富田高慶、斎藤高行らが指導者として仕法を推進した村々では、村の気風が一変

図4 - 11

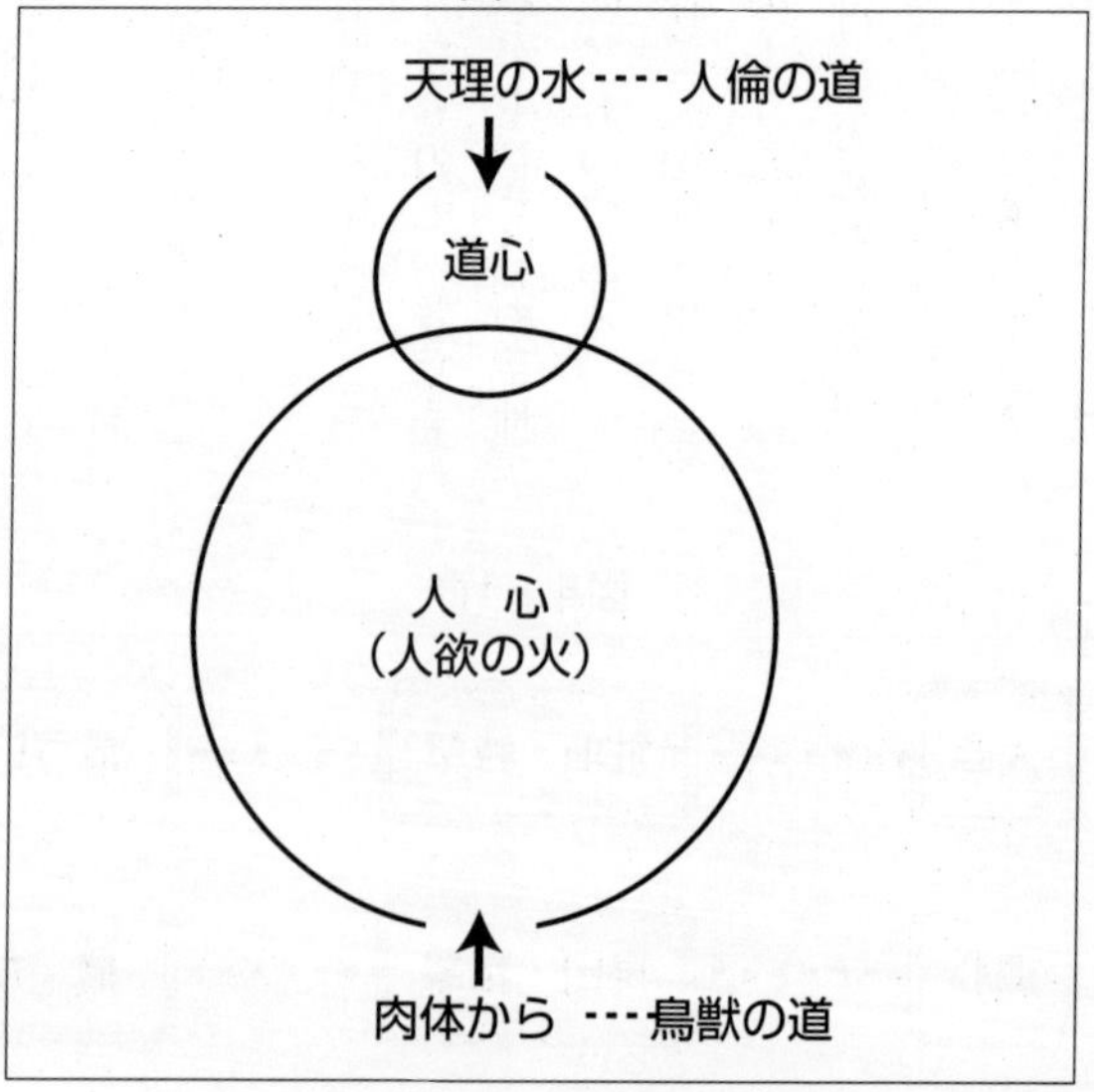

するような成果をあげているのである。

「遊惰は変じて精励となり、汚俗は化して篤行となり、荒地はひらけて田畑となり、家ごと人ごとに満ち足りて、一人をも罰せず、一人をも刑せず、獄舎は腐朽しても修理を加える必要はなかった」(注4・35)といわれるほどに様変わりしたのである。

十二　《芋コジ》による集団的な啓発——協働社会づくりへのアプローチ

報徳仕法の施策の一つとして「芋コジ」と呼ばれる集団的な技法がある。わが国で古くから各地で行なわれてきた《寄り合い》を活用したもので、現代的にいえば、集会とか会議、ミーティング、グループワークなどのようなものである。《芋コジ》の本来の意味は、第二章第二節で記したように、桶に里芋と水を入れて、コジ棒でゴロリゴロリとこじりながら、里芋を洗っていくことである。桶の中で芋同士が擦り合わされ、泥が落ち、皮が剥《む》けて、芋がきれいになっていく様子が、集団の中での相互啓発や衆知結集——集団的な心田開発——の様子と似ているところから、尊徳自身が名づけたものである。芋コジについては、福住正兄が『富国捷径《ふこくしょうけい》』（初編）の第三「会議の弁」の中で次のように述べている。

「身の修め方、世間の付き合い、家業の得失、農業の仕方、商法の掛け引き、心配筋のこと、自分では決しがたいことなど、みなうちあけて相談して、それよりはこのほうがよい、これよりはあのほうが徳だ、それよりもこのほうが便利だ、と相互に相談するのでござる。……この集会をなすことを、二宮先生は《芋こじ》と常に申されたでござる。これは、集会にたびたび出るのは、芋こじをするようなもので、相互にすれ合って、汚れが落ちて、清浄になる、というたとえでござる」

要するに、《芋コジ》とは、会議やミーティングのことであり、それによる相互啓発や衆知結集のことである。われわれの日常生活の中で、会議やミーティングなどを開いて、何ごとかを協議したり決定したりする機会は多い。だが、どうも会議（ミーティング）というものは、うまくいかないことが多くて、評判が悪いようである。「ムダな会議が多い」とか、「会議は必要悪か」などといわれたりする。そして、「そもそも日本という国はタテ社会であって、上意下達の風潮が根強く、会議で自由に話し合って何ごとかを決定するようなやり方は、日本人には不向きなのだ」という議論も出てくる。

こうした意見は、一面ではもっともな点を突いているが、全面的に正しいわけではない。わが国には、古くから会議やミーティングなどによってものごとを決定する方式は、たくさん存在したのである。村や町での寄り合いとか、お城での軍議とか、評定《ひょうじょう》とか、このような例はたくさんある。赤穂城の明け渡しや吉良邸討ち入りなども、全員の話し合いの中から結論が出されていったのである。戦国武将の代表のようにいわれる強烈な織田信長ですら、軍議は開いているのである。

さて、会議（ミーティング）には流れがあり、初めがあって終わりがある。まず、誰かが問題提起をして、テーマ（議題）が設定される。次に、各メンバーからいろいろな意見が出される。意見の出し方や出させ方がミーティングの一つのポイントである。次に、出てきたたくさんの意見やアイデアを整理して、これらの意見を組み合わせたり、修正したりして、最終的な結論にまとめていくことになる。ミーティングでのこのようなステップやプロセスに応じて、それぞれにふさわしい技法がある。たとえば、ブレーンストーミングとか、形態的創造法（またはKJ法）、特性要因図法、評定尺度法、Tチャート法（バランスシート法）、ノーマン・メイアーの公式、などなど……。これらの技法に慣れ親しむことが会議の運営に上達するための早道である。

そして、会議の運営に上達していくにつれて、会議の母体となる集団そのもの――職場とかサークルなど――の気風が次のような良好なものになっていく。

・集団内の人間関係が緊密である。
・意見が一致しやすく結束が固い。
・自分たちの集団に誇りを感じている。
・集団の目標や理想に共鳴している。
・集団活動に参加する意欲が高い。
・仲間の言動に対して好意的である。
・仲間からの働きかけにも好意的である。

そして、さらにこのような集団の気風(サイコロジカル・クライメート)が形成されていくにつれて、集団のメンバー一人ひとりの態度や行動もそれにふさわしく、積極的で協調的な良好なものに変化し成長していくのである。

これらについては、かつて私は『ブレーンストーム会議術』(中央経済社)、『燃える集団のつくり方』(こう書房)、『参加型研修の進め方』(産業能率大学出版部)、『OJTと職場経営』(産業能率大学出版部)の第二・七・八章などで、かなり詳しく論じてきた。ここで再び論じ出すとかなり長くなるので、残念ながら詳細は以上の拙著に譲ることとしたい。

【第四章の注】

（注4．1）『礼記』工制編
（注4．2）斎藤高行『二宮先生語録』一六章
（注4．3）『二宮先生語録』一七
（注4．4）『二宮先生語録』一〇八
（注4．5）『二宮先生語録』七一
（注4．6）斎藤高行『報徳外記』第七章「興復（中）」
（注4．7）『二宮先生語録』二一
（注4．8）『二宮尊徳全集』第一巻「原理編」三〇四頁
（注4．9）『二宮先生語録』二三〇
（注4．10）『二宮先生語録』六
（注4．11）『二宮先生語録』二〇
（注4．12）『二宮先生語録』三〇一
（注4．13）『二宮先生語録』二九二
（注4．14）『二宮先生語録』六四
（注4．15）福住正兄『二宮翁夜話』一七〇
（注4．16）『二宮翁夜話』三
（注4．17）『二宮先生語録』一
（注4．18）『二宮先生語録』四二八

（注4・19）『二宮先生語録』三二二
（注4・20）『二宮尊徳全集』一巻五二四頁
（注4・21）『二宮尊徳全集』一巻「原理編」三九八頁
（注4・22）『二宮先生語録』七七
（注4・23）『二宮先生語録』四二一
（注4・24）『二宮先生語録』四五四
（注4・25）『報徳外記』第二十五章「報徳」
（注4・26）『報徳外記』二十五章の続き
（注4・27）『二宮先生語録』一四一
（注4・28）『二宮翁夜話』一七二
（注4・29）『二宮翁夜話』一七一
（注4・30）『二宮翁夜話』六三
（注4・31）『二宮先生語録』三四九
（注4・32）『二宮先生語録』三八六
（注4・33）『二宮尊徳全集』一巻「原理編」七八頁「大円鏡（善悪の解）」ほか
（注4・34）『二宮先生語録』三九
（注4・35）『報徳外記』二十五章「報徳」

第五章　道歌に見る尊徳の哲学と思想

尊徳は自分の思想を道歌《どうか》〔教訓的な和歌〕に託して表現することを得意とした。佐々井信太郎責任編集『二宮尊徳全集』第一巻「原理編」には「三才独楽集」と題して、約三百の道歌が収められている。このほかにも、「藤曲村仕法書《ふじまがりむらしほうしょ》」と呼ばれる事業計画書をはじめ、各種の仕法書や、各方面の人に宛てた手紙などにも、数多くの道歌が載せられている。これらの道歌の中にも、尊徳の哲学が凝縮した形で詠み込まれている。本章では、これらの中から十二首を選んで、私なりの解説を加えてみることとしたい。

道歌　一

いにしえは　この世も人も　なかりけり
高天原《たかまがはら》に　神いましつつ

この道歌は、尊徳の哲学的な思想の出発点となる「大極一円一元」とか「天地開闢《かいびゃく》、生々発展」などの考え方を歌に託して表明したものである。

「世界のはじめを考えると、最初は混沌たるものであったが、それから澄んだものと濁ったものとが分かれ、おのずから開けて天地となった。そして太陽と月が運行し、昼と夜が循環し、寒さと暑さが住来し、風や雲が雨や露、雪、霜をもたらすようになったが、まだ生物を生じないままで幾万年も経《た》った。これがつまり神世《かみよ》というものであろう。……天地が開闢《かいびゃく》して〔つまり、宇宙や地球が誕生して〕、一つの生気《せいき》がその間に満ちるありさまは、たとえば雨水が天水桶《てんすいおけ》に満ちたようなものであり、……実に、一つの生気が天地の間に満ちるとき、これを「神が高天原《たかまがはら》にいます」と言い、生気が次第に万物を生ずるとき、これを「神道」というのである」(注5・1)

尊徳の道歌の中には、奥深く幅広い二宮哲学のエッセンスが凝縮した形で詠み込まれている。天地宇宙を見据えた広大な視界、草木の一本一本にまで行き届いた目くばり、人間の心の奥底に踏み込んだ鋭い洞察、などなど、現代の私たちにも共感できるものばかりである。

道歌 二

あめつちの　和して一輪　福寿草
咲くやこの花　いく代ふるとも

天地自然は、暴風や、洪水、日照り、冷害、地震などの災難をもたらすが、一方では豊かな実りももたらしてくれる。

天地自然と人間との関係を考えてみると、大きく分けて二つの側面がある。一つは「理法」ともいうべきものである。これは自然の法則であり、自然科学の研究の対象であり、利用すべき科学技術の材料である。

自然の《理法》は、尊徳によれば「体」と「気」の働きによって生じる。《体》とは、木や土や金属などのような物質的存在のことであり、《気》とは、蒸気・天気・気力などのように、物質的な存在である《体》が作用して、なんらかの働きをすることである。物の上下運動や、植物の生長、動物の動き、人間の心理などは、皆、《気》の働きによるものである。

自然と人間との関係で考えるべきもう一つの側面は、自然の「摂理《せつり》」ともいうべきもので、実りの秋とか、恵みの雨、山の幸、海の幸、などと呼ばれるものである。これらは、や、古風な言い方をするならば、天の配剤とか、恩恵、プロビデンスなどとも言うべきものであり、畏れ敬い感謝する対象となるものである。

尊徳の思想の根底には、自然の摂理に対する深い畏敬の念が据えられており、ここに掲げた道歌には、自然の恩徳に対する感謝や感嘆の思いが実によく表明されているといってよいであろう。

道歌　三

天《あま》つ日の　恵み積みおく　無尽蔵

鍬《くわ》で掘り出せ　鎌《かま》で刈り取れ

二宮哲学では、天地自然の法則や働きのことを「天道」といい、人間の主体的な努力のことを「人道」という。人道は、基本的には天道に従いながら、部分的には天道に逆らって、田を開き、稲を植え、雑草を抜き取り、怠らずに努力を続けていく。

「天道と人道とは同じではない。天道は自然であって、人道は自然ではないのだ。なぜならば、自然にまかせておけば、田畑は荒れ、家屋はこわれ、衣服は破れ、溝や堀は埋まり、堤防は崩れる。人は五穀《ごこく》を食うために田畑をつくり、雨露をしのぐために家屋をつくり、寒さを防ぐために衣服をつくり、田畑に水を引くために溝や堀をつくり、水害を除くために堤防をつくるのである。

一方、また、人は生まれつき羽も毛もなく、鋭い爪《つめ》も牙《きば》もない。衣服なしで裸でいることはできず、家屋なしで野宿することもできず、穀物なしで草を食うこともできない。それで古代の聖人たちが人道を立てて、安らかに生活できるようにした。もとよりこれは天道自然ではないのである。自然でないからこそ、努めなければ続けることができないのだ」(注5・2)

また、尊徳自身が書いた「鍬鎌《くわかま》の辞」と呼ばれる次のような文章が『全集』（一巻五七四頁）に載っている。

「人間にとって農業ほど大事なものはない。その農業をするには鍬や鎌がまず必要である。だから鍬と鎌とは農業を経営する上での重要な宝であり、民を救い国を安定させる元であり、一日も欠かせないものである。」

このようにして鍬や鎌などを使って農作業に精を出せば、米や野菜などの宝は無尽蔵に産み出すことができるのだ、と尊徳はいう。

「世間で、ふえた、増した、といっているのは、たとえば器の中の水のようなものだ。器が傾いて増減が生じ、左に増せば右に減少している。また一つの村の中の田畑のようなものだ。買い取って田を増やす者があれば、売り払って田を減らす者がある。器の水も村の中の田畑も、全体としては何の増減もないのだ。……だが、わが道はこれと異なり、鍬鎌を鍵として無尽の蔵を開き、太陽のたくわえている穀物を引き出して、天下の民を養うのであって、増すことふえること窮《きわ》まりない。なんと偉大な道ではないか(注5・3)」

現代的な言い方をするならば、パイの分け前だけで論ずると、互いに奪い合うだけの《ゼロ・サム・ゲーム》になってしまうが、パイそのもの（つまり、付加価値の総量）を大きくするために皆で努力しようではないか、ということである。そして、《勤労（労働）》こそが付加価値を無尽蔵に産み出していく源泉なのである。

道歌　四

米まけば　米草はえて　米の花
咲きつつ米の　実る世の中

これは、ある原因はそれなりの結果を生じる、という「因果の理法」を詠んだものである。これについては尊徳自身が次のように明解に語っている。

「稲の種をまけば稲の草を生じ、稲の花を開き、稲の実を結ぶ。種から草となり花となり、時にその形を変えるが、ついに元の種に帰る。私はかってこれを和歌によんで、世の人々を戒《いまし》めた。金のない者が他人から金を借りて住居を飾ったり、豪華な着物を着たり、酒や食事をぜいたくにしたり、まるで金持のようにふるまっていても、いずれ貧乏のどん底に陥ること、例外はない。けれども、じかに本人に対してそのことを非難すれば、かえって腹を立てる。だから歌によんでこれを戒め、腹を立てずに反省させようとしたのだ。(注5・4)」

「早起きをした原因によって草をたくさん手に入れ、草の多い原因によって米をたくさん手に入れ、米の多い原因によって馬をたくさん手に入れ、馬の多い原因によって田をたくさん手に入れ、田の多い原因によってまた米をたくさん手に入れ、米の多い原因によって貸し金をつくり、貸し金の多い原因によって利息を手に入れることができるのだ。金持になるのもこのとおり、貧乏になるのもこのとおりである。(注5・5)」

そして、念を押すかのように、次のような歌を作っている。

まく米と　生い立つ米は　ことなれど

実ればもとの　米となりぬる

米の実は　またくる年も　米はえて
老いまかるとも　米は米なり

去年《こぞ》の実は　今年の種と　なりにけり
今年の実り　来る年の種

さらに、《米》の字を麦や粟《あわ》、稗《ひえ》……などに変えて、麦まけば……、粟まけば……と、えんえんと書き連ねている。最後のしめくくりに、この歌でダメ押しをしている。

この歌を　おかしく思う　人あれば
米の実まきて　麦にしてみよ

道歌　五

昔まく　木《こ》の実大木《おおき》と　なりにけり
今まく木の実　のちの大木ぞ

この道歌も《因果の理法》を詠んだものだが、時間の幅を長くとって、ものごとを長期的な展望で捉えようとしたものである。

「いま大地主がここにあるとすると、これはにわかに大地主になったものではない。始めは一鍬《くわ》一鍬の小を積んで、ついに大地主となったものだ。また芝増上寺《しばぞうじょうじ》の二本柱や、永代橋《えいたいばし》の橋けたのような大きな材木でも、そのはじめは小さな種から生じて、幾百年をへて、風や雨に耐え、寒さや暑さをしのぎ、日夜精気を働かして、大きくなったものだ。昔の種だけがこうなのではない、今の種でも同じことだ。とすれば、昔の種は今の大木、今の種は将来の大木である。人ははっきりとこの道理をわきまえ、大をうらやまず、小を恥じず、すみやかにしようと思わず、朝から晩までよく勤めて、小を積んで成果をあげるように努力するべきである。(注5・6)」

人類は歴史を重ねるに従って拡大再生産を続けてきたが、このことを尊徳は「財宝増減」とか「天禄増減」などと呼んでおり、『三才報徳金毛録』という著書の中で、かなり整理した形で次のような趣旨のことを書き残している。

「勤めれば得られ、怠れば失う。倹約すれば豊かになり、ぜいたくすれば貧乏になる。ほどこし(施し)をすれば良い報いがあり、一つの施しには十の報いが、百の施しには千の報いが、千の施しには万の報いがある。このような勤と施《せ》とが原因となって、モノやカネなどの財宝が豊かになっていく。一つの財宝から千や万の財宝が生まれ、やがてモノの流通やカネの貸借なども生じるようになってくる。」

実は『三才報徳金毛録』は天保五年(尊徳四十八歳)の頃に書かれたもので、この中には「譲」という言葉は一度も出てこない。それに代わるものとして「施《せ》」という言葉が使われているが、これは仏教用語の「布施《ふせ》」のことで、布施とは、与えること、英語でいうならばギビングという意味である。

その後、尊徳は《布施》という意味に近い意味合いで「譲(または推譲)」という言葉を使うようになり、これを報徳思想の中心概念の一つに据えていくようになるが、しかしながら、《布施》と《譲》とは、似てはいるが、同じではない。《譲》はあくまでも尊徳独特の用語として理解すべきである。

道歌　六

声《おと》もなく　臭《か》もなく常に　あめつちは
書かざる経《きょう》を　くりかえしつつ

二宮尊徳の思想や哲学は、読書に基づいて机の上で組み立てたものではなく、《心眼》による鋭い自然観察と自分自身の実生活体験を基盤とした深い思索によって形成されたものである。

「わが教えでは書籍を尊ばず、天地をもって経文《きょうもん》とする。私の歌に
声《おと》もなく　臭《か》もなく常に　天地《あめつち》は　書かざる経を　くりかえしつつ
と詠んであるが、このように日々繰り返して示される天地の経文に、まことの道は明らか

なのだ。こうした尊い天地の経文をよそにして、書籍の上だけで道を求める学者連中の論説は、私は採らない(注5・7)」

ただし、尊徳が読書による学習を軽視したと解釈することは間違いである。尊徳は『大学』や『論語』『中庸』など、いわゆる四書五経を実に丹念に読んでいる。特定の先生について系統的に勉強したわけではないから、尊徳の学習法は、いわば《独学》だが、自分の体験や自然観察と照らし合わせて、よくよく考えながら読んだので、むしろ多くの儒学者などよりは、はるかに本質的な理解・把握をしていたというべきである。

「書物を読んで実践しない者は、鍬《くわ》を買って耕さないのと同じことだ。耕さないのならどうして鍬を買う必要があろう。行なわないなら、どうして書物を読む必要があろう。読書と実践と相俟《あいま》つことは、ちょうど、織物が縦糸と横糸とあって始めてできあがるのと同様である。読書は縦糸であり、実践は横糸である。縦糸だけあって横糸がなければ織ることができない。織らなければどうして絹や布ができよう。実践しなければどうして家をととのえ、国を治める仕事が成就できようか(注5・8)」

実践をふまえての読書は、より深い理解をもたらし、その学習の効果が次の実践をより効果的なものにする。そして、それをふまえての次の読書は、さらに深い学習となり、人間的な成長をもたらすものとなるのである。

なお、「声」を「おと」と読み、「臭」を「か」と読むのは、尊徳自身がそのようにしたもので、以来、そのように読むことが慣《なら》わしとなっているものである。

道歌　七

見渡せば　遠き近きは　なかりけり
おのれおのれが　住みかにぞある

この歌の意味は、分かりやすい。自分の立場にこだわるな、相手のことも考えよ、全体をよく見渡せ、ということを説いたものである。このことについては、尊徳自身が明解な解説をしている。

「論争が生ずるのは、その立脚地を定めないところにある。暑い地方にいる者が涼しいのを喜ぶのは、涼しいのが好きなのではない。暑い地方にいるからである。涼しい地方にいるものが暖かいのを喜ぶのは、暖かいのが好きなのではない。寒い地方にいるからである。その立脚地を定めさえすれば、何の論争もあり得ないのだ。（注5・9）」

「世の中の人は蓮《はす》の花を愛して泥《どろ》をいやがり、大根を好んで下肥《しもごえ》をいやがる。私はこういう人を《半人前》という。なぜならば、蓮の花を養うのは泥である。大根を養うものは下肥である。蓮の花や大根は、泥や下肥を好むこと、この上なしではないか。世間の好ききらいは、半面を知って全面を知らない。これは、まさに半人前の見方ではないか。どうして一人前ということができよう。（注5・10）」

このようなコダワリやトラワレから抜け出すための秘策は、ものの見方や考え方を変換してみることである。図5-1を見ていただきたい。

この四角のうち、内側の四角は、奥に引っ込んでいるようにも見えるし、手前に浮き出ているようにも見える。しかし、引っ込んで見えるときには、浮き出ているようには見えないし、浮き出て見えると

図5-1

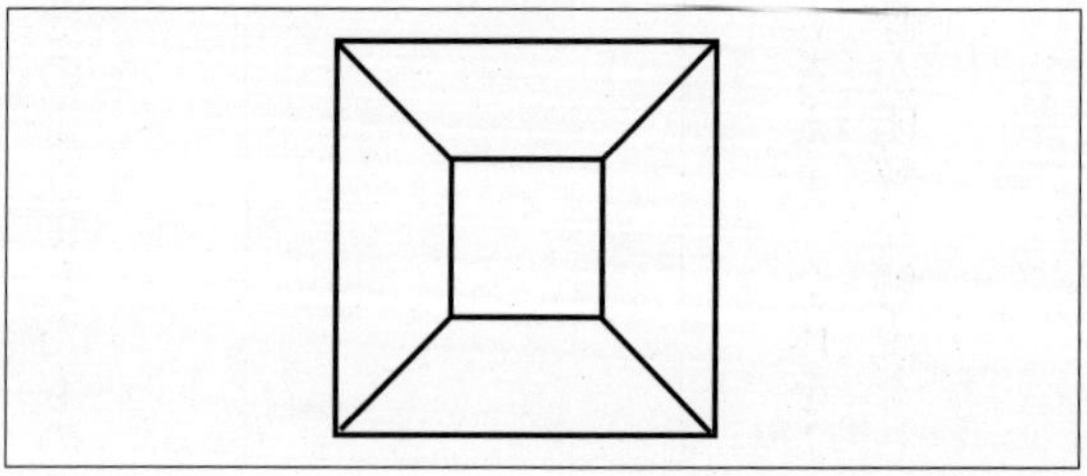

きには、引っ込んでいるようには見えない。必ず一方の見方からもう一方の見方に《見え方》が変換するのである。これを「観点の変換」（リセンタリング、中心転換）というが、こうしたことができるためには、けっきょくのところ、自分の「我《が》」を取り去ることである、と尊徳は次のように述べている。

「人間のする事が行き詰まったり失敗したりするのは、ことごとく「我」によって起こる。「我」を取り去ればすらすらと行く。たとえば大風が高い木に突き当たれば怒号を発するが、高い木を取り去れば静かになるようなものである。(注5・11)」

道歌　八

ちうちうと　嘆き苦しむ　声聞けば
ねずみの地獄　猫の極楽

尊徳はこう言っている。

「人は米を好み、馬は草を好み、ネコはネズミを好み、ヘビはカエルを好む。なぜかといえば、人は米から生じ、馬は草から生じ、ネコはネズミから生じ、ヘビはカエルから生じたからだ。肉眼で見れば、ネコがネズミを食い、ヘビがカエルを呑むのだが、心眼で見れば、ネズミが変化してネコとなり、カエルが変化してヘビとなるのだ。もともと彼らは同類である。(注5・12)」

そして、次のような歌を詠んでいる。

いにしえは　ねずみが化して　ねことなる
　今はねずみが　ねこにとらるる

いにしえは　かえるが化して　へびとなる
　いまはかわづが　へびの餌《え》となる

また、次のようにも述べている。

「歌人は秋の気を物悲しいと言い、《粛殺《しゅくさつ》の気》〔草木を枯らす秋の冷たい気配〕などと言って、世の無常を嘆く。これは私に言わせれば偏見〔片方からだけの見方〕である。秋というものは、百穀が熟して財貨が満ち足りる。何の物悲しいことがあろう。何の粛殺《しゅくさつ》があろう。

また、種は春風に乗って芽ばえ、草は秋風に乗じて実る。だから種の世界から見れば春風は無常であり、芽ばえるのは死であり、芽ばえて草になるのは仏になるのである。反対に草の世界から見れば秋風が無常であり、みのることが死であり、みのって種となるのは仏になることである。

このように、ものの見方を反転させてみれば、《死と生》も《死と生》ではなく、無常も無常ではない〔人は生とか死とかいうが、人が生まれたり死んだりしていくのは、水が氷になったり氷が水になったりするようなもので、外形が異なるだけのことなのだ。このようなことを仏教では無常といっているが、無常も、また、反転させてみれば、無常ではないのだ〕。こうしたことを《偏見》〔片方だけから見る見方〕に対して《円見》〔一円観。尊徳の根本思想〕という(注5・13)のだ。」

図5-2

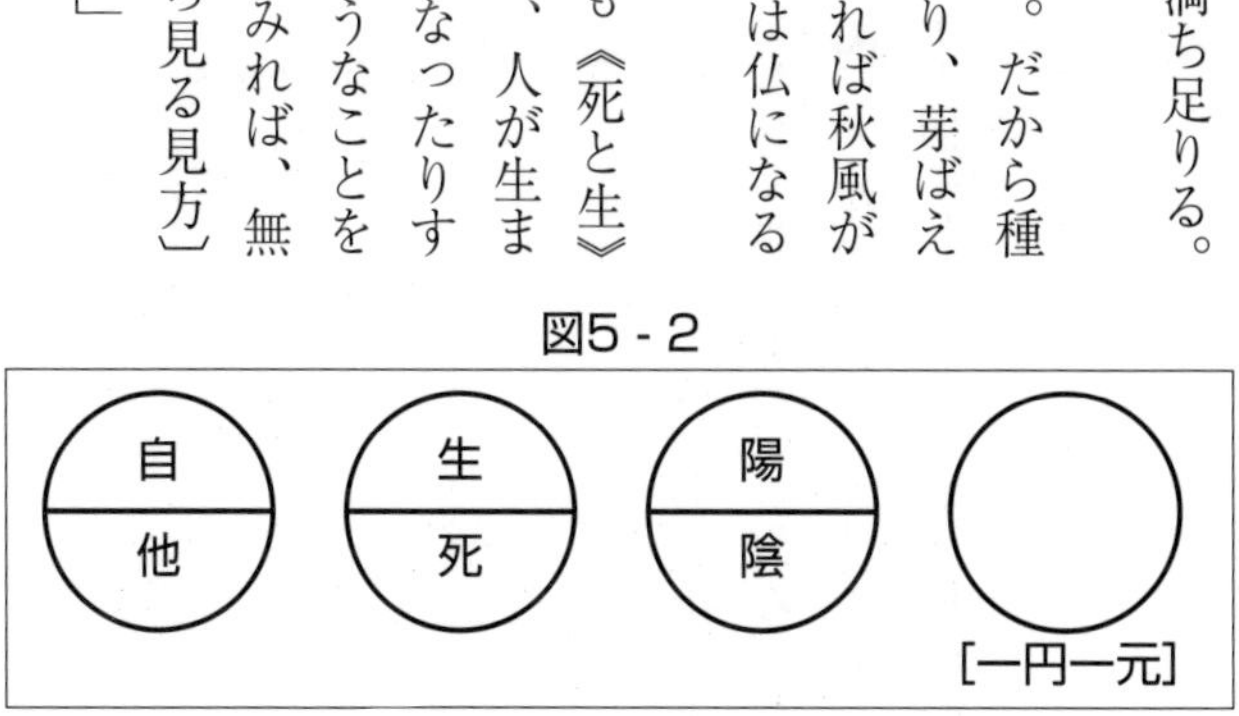

道歌　九

父母も　その父母も　我が身なり
我を愛せよ　我を敬せよ

尊徳は、こう語っている。

「父母や祖父母や先祖代々の心は、皆わが身に集まっている。なぜならば、およそ天下の父母という父母で、わが子の死を喜ぶ者はない。わが身をもってわが子の死に代ろうと願うのが父母の心なのだ。してみれば、父母の心はわが身の内に存在するわけではないか。だから人の子たるものは、よろしくわが身を愛し、わが体を大切にし、そうして父母の心に添うようにすべきである。(注5・14)」

尊徳は、また、こうも言っている。

「天地は大父母である。(注5・15)」

そして、《報徳訓》では、こう教えている。

「父母の根元は天地の令命にあり、身体の根元は父母の生育にあり……」

要するに、ここに掲げた歌は、天地の令命や父母、祖先から頂いた自分の《命》を大切にせよ、ということを説いているのである。

《命》は英語にすればライフである。ライフには大きく分けて三つの意味がある。①生命、②人生・生涯、③(毎日の)生活、以上の三つである。だから、自分の生命を大切にするということは、自分の人生をどのように生きていくかを大切にすることであり、毎日の暮らしぶりを大切にすることである。

人間は幸せに生きていく権利と義務がある。このことを現代的な表現では、「個人の尊厳」とか「基本的人権」といい、日本国憲法にも書いてある。ただ、こうした言葉や思想は西洋で生まれたもので日本人にとっては輸入品であり、なじみの薄いものである。ところが、二宮尊徳は、ほとんど同じような考え方をしていたのである。次の言葉も、こうした考え方を裏打ちするものである。

「お釈迦さまが誕生したとき、左手で天を指し、右手で地を指し、「天上天下、唯我独《ゆいがどく》尊《そん》」と宣言したという。……《唯我独尊》〔ただ我一人が尊い〕とはどういうことか。およそ自然界にあるものは、賢い人も愚かな人も、地位の高い人も低い人も、金持も貧乏人も、皮膚病患者やホームレスから、鳥・獣《けもの》・虫・魚に至るまで、皆、《我より尊いものはない》のだ。お釈迦さまの言わんとするところは、そういうことである。ところが、世間の人たちは、お釈迦さまが自分で自分の徳を自慢したものだと思っている。大きな間違い（注5・16）だ。」

道歌　十

おのが子を　恵む心を　法《のり》とせば
学ばずとても　道に至らん

尊徳は次のように語っている。

「親の子にたいする立場、農夫の田畑にたいする立場は、わが道と同じものだ。親が子を育てて、かりに無頼の子になったところで、その子の養育のために使った金はどうしようもない。農夫が田を作っても、凶作になれば、肥《こや》し代や雑費などもみんな損だ。それでも親は子を育てるし、農夫は田を作る。わが道を行なおうとする者は、この道理をわきまえなければならぬ。(注5・17)」

「私が考案した無利息金貸付法（いわゆる報徳金）は、親が子を恵む心と同じ心で創設したものである」と尊徳は次のように述べている。

「わが無利息金貸付法を行なおうとする者は、父母が子を育てるように、損得にかかわらず、国を興こし民を安ずることを徳とする者でなければ、だめである。父母が子を育てるには、損得にかかわらず、ひたすら子孫相続を願うばかりだ。だから、わが無利息金貸付の道は、元金が増加することを徳とせず、貸付高の多いことを功績とする。元金百両で、くりかえし貸し付け、六十年に及べば、元金は百両のままでも貸付高の通計は一万二千八百五十五両に達する。これは、貸金はふえも減りもしないが、国を興こし民を安んずる功績は多大であって、太陽が万物を生育しながら永遠に続いているのと同じである(注5・18)。」

つまり、「わが報徳金の徳は太陽の徳と同じなのだ」ということである。

「太陽の照らすところ、草木百穀が繁殖する。そして、白い花はますます白く、赤い花はますます赤く、甘い味のものはますます甘く、辛い味のものはますます辛くなる。報徳金の貸付けもこれと同様であって、その循環するところ、士農工商おのおのその業務にしたがってその利益を受ける。これは太陽とその徳を同じくするものだ。(注5・19)」

ところで、この歌の中で尊徳は《法《のり》》という言葉と《道》という言葉を使っている。もともと似たような意味だが、しいて区別するならば、法とは、法則、原理、プリンシプル、つまり、ここでは《行動原理》という意味であり、道とは、規範《きはん》、基準、ノーム、つまり、《行為規範(または行動基準)》という意味である。だがどちらも同じようなものである、と尊徳自身が次のように語っている。

「法という字は、水が去ると書く。水が流れ去った、その跡を認めて法とする。獣が走り去った、その跡を認めて道とする。水があり、流れてのちに法が生ずる。獣があり、走ってのちに道が生ずる。それゆえ法と道とは一つである。昔の聖人たちが法を設け道を作ったのも、このようにしてであったろう。(注５・２０)」

道歌　十一
めしと汁　木綿着物は　身を助く
その余は我を　責むるのみなり

報徳仕法を導入しようとする各藩の指導者たち――たとえば、烏山藩《からすやまはん》の家老・菅谷八郎右衛門《すげのや》や、相馬藩の富田高慶、斎藤高行など――に対して、尊徳は「俸禄を辞退せよ」ということを強く指示している。そして、俸禄を辞退する代わりに、しかるべき荒地を引き受けて、それを再開発させるのである。当時、荒地の開墾《かいこん》を奨励するために、荒地からの収穫は七年くらい無税とする「鍬下年季《くわしたねんき》」という制度が全国的に慣例となっていたので、その制度を利用するのである。

「わが道は大業である。それゆえ、これを行なう者は、よろしく俸禄を辞退すべきである。これが推譲を尊び成功を完全なものにするゆえんなのだ。けれども、その大業を勤めるには、生活していかなければならない。それで俸禄の代わりに開墾田の産米を支給するのだ。……俸禄を辞退するのは道〔わが報徳仕法の道〕を行なうためである。開墾田を受けるのは事業を勤めるためである。さらにその受けたところの飯米・食費を倹約して、余財を推すならば、これこそ真の推譲と言えるのだ。(注5・21)」

指導者が自ら模範を示さなければ、事業は成功しないのである。一家・一国を治めるためには、まず指導者が自己一身を修めることが先決である。これは尊徳が少年時代から親しんできた『大学』の基本原理である。それゆえ指導者は率先して質素・倹約を実践すべきである、と尊徳は次のように教え諭している。

「わが道を行なう者は、よろしく飯と汁《しる》と木綿の着物とをもって、自分の生活の限度とすべきである。道が廃《すた》れようとするとき、わが身を助けるものは飯と汁、木綿着物の生活だけである。これは鳥や獣《けもの》の羽毛のようなもので、よくわが身を守る。そのほかのものは、ことごとく自分を攻める敵となるのだ。道が順調に行なわれているときは、酒の一杯や、さかなの一皿ぐらいは害がないように見えるけれども、一たん形勢が変れば、たちまち自分を攻める敵となる。ましてワイロやツケトドケに至ってはなおさらのことで、ちょうどイノシシやシカが、雪の降ったのち、足跡を被《おお》いかくすことができず、ついに猟師にとら

れてしまうのと同様である。深く慎まねばならぬ。」(注5・22)

そして詠んだのが、ここに掲げた歌である。あくまでも指導者が自ら実践すべきことを説いたものであって、農民たちに要求したものでないことを肝《きも》に銘じておくべきである。

道歌　十二

仮の身を　元の主に　貸し渡し
君安かれと　願うこの身ぞ

「民安かれ（安民）」というのが尊徳の基本的な姿勢である。そこで、報徳仕法は、別名「治国安民」とか「富国安民」「興国安民」などと呼ばれる。「民安かれ」という尊徳の思想を知る手がかりは、たくさんある。彼は次のように語っている。

「わが道は恕《じょ》（思いやり）を肝要とする。それで貧民の心を思いやって、あるいは飯米や農具を与え、あるいは馬小屋や便所を建ててやる。殿様から見れば、ことごとく無用のようなものだが、貧民にしてみれば最低限の生活にかかわるところで、一日も欠くことのできないものだ。貧民がこれを得れば、一日も欠くことのできないものを全《まっと》うして、安らかに生活し、その家を保つことができる。有用も有用、大したものではないか。(注5・23)」

「……やもめやみなし子などは、再びもとの境遇にかえることのできないもので、まことに哀れみ恵むべきものだ。こういう人たちを侮《あなど》らず、気の毒に思って援助の手をさしのべるような政治家であれば、国家を治めることは、手のひらの上でめぐらすほど容易である。(注5・24)」

このような精神を歌いあげたのが、「仮の身を……」という道歌である。なお、この歌については、尊徳自身が次のように解説している。

「この世は、我も人も共にわずかの間の《仮の世《よ》》なのだから、この身は《仮の身》であることは明らかだ。《元のあるじ》とは天のことをいう。この仮の身をわが身と思わずに、生涯一途に世のため人のためばかりを思う。国のため天下のために有益なことばかりを勤める。そうして一人でも一家でも一村でも生活の苦労を免れて生活が豊かになるように、土地も開け、道や橋も整って、穏やかに生活していけるようにと、それだけを日々の勤めとし、朝夕願い祈って怠《おこ》たらぬ、わがこの身である、という心で詠んだものだ。これが私の畢生《ひっせい》の覚悟〔生涯をかけた決心〕なのだ。わが道を行なおうとする者は、これをわきまえていかなければならぬ。(注5・25)」

ところで、このような思想については、弟子たちが語り継いだものだけでなく、尊徳自身が次のような文章を書き残している。

「天地と共に行くべし。天地と共に勤むべし。(注5・26)」

「天地と我と人と一体なり。(注5・27)」

報徳仕法の理論と方法の根底には、このような深遠な哲学があることを理解しておくべきである。

【第五章の注】

（注5・1）斎藤高行『二宮先生語録』一
（注5・2）『二宮先生語録』八〇
（注5・3）『二宮先生語録』三〇三
（注5・4）『二宮先生語録』三三五
（注5・5）『二宮先生語録』四四〇
（注5・6）『二宮先生語録』一六七
（注5・7）福住正兄『二宮翁夜話』一
（注5・8）『二宮先生語録』七六
（注5・9）『二宮先生語録』三七四
（注5・10）『二宮先生語録』四二二
（注5・11）『二宮先生語録』三四〇
（注5・12）『二宮先生語録』三七八
（注5・13）『二宮先生語録』三八四
（注5・14）『二宮先生語録』一五七
（注5・15）『二宮先生語録』二四
（注5・16）『二宮先生語録』二一七
（注5・17）『二宮翁夜話』二四七
（注5・18）『二宮先生語録』三七五

（注５・１９）『二宮先生語録』三二五
（注５・２０）『二宮先生語録』三一七
（注５・２１）『二宮先生語録』三一二
（注５・２２）『二宮先生語録』三一八
（注５・２３）『二宮先生語録』二八
（注５・２４）『二宮先生語録』一八七
（注５・２５）『二宮翁夜話』二四七
（注５・２６）『二宮尊徳全集』一巻五二四頁
（注５・２７）『二宮尊徳全集』一巻三九八頁

第六章　尊徳の影響を受けた経済人たち

一　大日本報徳社と岡田良一郎

明治維新以後、報徳の実践哲学は「報徳社」という協同組合のような結社の活動として受け継がれ、主として今の静岡県を中心に展開されていった。この報徳社の運動の発展に大きな影響を及ぼしたのが安居院《あごい》庄七と福山滝助という二人の人物である〔福山滝助については次節を参照〕。

安居院庄七は、寛政元（一七八九）年、相模《さがみ》国大住《おおすみ》郡大山（現在の神奈川県伊勢原市大山）の修験道《しゅげんどう》の家に生まれ、尊徳とほゞ同年代である。曽屋《そや》村〔現在の秦野《はだの》市〕の穀物商・安居院家の養子となり、以後、安居院の姓で呼ばれている。なお《安居院》の読み方は、秦野では「あぐい」と読んでいるが、のちに遠州地方（静岡県）に報徳を広めた頃からは、「あごい」と呼ばれ、これが全国的な読み方となっている。

彼は米相場に手を出すなどして、養子にいった先の店を潰してしまい、当時、《低利で金を貸してくれる人》という評判がこの地方にまで伝わっていた尊徳のことを知り、尊徳から金を借りようとして、天保十三（一八四二）年、下野《しもつけ》（栃木県）の桜町へ出向いた。

　尊徳は、この時期、烏山藩や、下館藩、谷田部《やたべ》藩（細川領）、小田原藩などの仕法の指導に取り組んでいて、生涯で最も多忙をきわめた時期であり、個人的な借金の相談に乗っている暇などまるでない状態であった。庄七は尊徳に会い、びっくりした。尊徳のことをただの金貸しだと思っていた先入観は吹き飛んでなくなった。そして、風呂番や雑役などをやらされながら、尊徳と弟子たちとの報徳談義を聞いているうちに、報徳とか報徳仕法とかいうものへの関心も生まれてきた。

　その頃、仕法の「雛形《ひながた》」と呼ばれるマニュアルのようなものは、すでにたくさん作られていた。鴨宮《かものみや》三新田の雛形や、藤曲《ふじまがり》村の仕法書などはすでにできていて、出入りの門人たちがそれを写し取って自分の村へ持ち帰り、それがまた他人の手で写し取られているような状況であった。たぶん——私の推測だが——庄七はそれらの書類を見て、かなり的確に理解したのではなかろうか、と考えられる。

　ところで、庄七が桜町陣屋を訪れた天保十三年七月という時期は、どういう時期かというと、尊徳に幕臣登用へのお声がかかった時期である。庄七は、二十五日間、陣屋に滞在したあと、七月二十六日、尊徳や富田高慶ら一行と共に、船で鬼怒川を下って江戸へ向かったのである（注6・1）。

　その後、安居院庄七は、相模国（神奈川県）の養家に帰り、薄利多売や掛け値なし、などの報徳的な商法で店を持ち直したが、事情があって養子先の家を出ることになり、生家の修験道の仕事を手伝うことになった。そして、実弟の浅田勇次郎と共に、河内国《かわち》（大阪府）の杉沢作兵衛という人が始めた万人講という組織の活動をすることになった。万人講というのは、講中の人たちから基金を募り、伊勢神宮などに灯籠《とうろう》を奉納することを目的としたものだが、余った金で各地の橋や道路の改修などをしていた。

庄七は、万人講のために東海道を往復しながら、報徳の教えを広めていった。このことが、のちのち大きな意味を持ってくる。浜松の下石田村の庄屋・神谷与平治が報徳の教えに共鳴し、弘化四（一八四七）年、下石田報徳社が設立された。続いて、翌嘉永元（一八四八）年、掛川の庄屋・岡田左平治を中心に牛岡組報徳社（現在の倉真《くらみ》報徳社）が結成された。その後、各地にぞくぞくと多数の報徳社が作られるようになっていった。

これらの報徳社では、報徳同志が結集して、勤・倹・譲を実践した。善種金や加入金の積み立て、困窮人の救済、無利息金貸付け、返済後の一ヶ年分の元恕金《げんじょ》（お礼金）、月一回の常会、入れ札（投票）によるものごとの決定、報徳の教えの研鑽、などを忠実に実行した。

掛川の岡田左平治は中でも熱心な報徳信奉者となり、安政元（一八五四）年、長男の良一郎（十六歳）を当時日光・今市にいた尊徳の許へ弟子入りさせた。尊徳は病気がちだったので、実際には息子の尊行《そんこう》〔弥太郎〕や弟子の富田高慶らが指導に当たった。指導の方法は二宮塾の方式に従い、仕法推進の実地の中での訓練――オン・ザ・ジョブ・トレーニング――であった。

岡田良一郎は六年間の実地の修行を終えて、文久三（一八六三）年、掛川の倉真《くらみ》村へ帰り、報徳社の活動の指導者として成長していった。

ところで、良一郎は当時の指導的な立場の者として当然のことながら、文明開化によって我が国に輸入されてくる西洋の文化・学問にも造詣が深く、当時、世界的に流布していたイギリスの経済学説の提唱者、ジェレミー・ベンサムやジョン・スチュアート・ミルなどをよく勉強していて、これらと報徳仕法の理論とはほとんど同じである、と次のように述べている。

「近時、西洋の学術大いに進み、ジェレミー・ベンサム、ジョン・スチュアート・ミルなどの徒が相継ぎ興こり、実利学〔功利主義、ユーティリタリアニズム〕を以って一家を為す。……彼は実利を以ってその学の名と為す。我は報徳を以って我が学の名と為す。名は異なりといえども致一〔同じ〕なり」

〔近頃、西洋の学問は大いに進み、ジェレミー・ベンサムとか、ジョン・スチュアート・ミルなどという学者たちが相次いで現れて、功利主義〔ユーティリタリアニズム。経済政策の目的は《最大多数の人々を最大に幸福にすること》という思想〕という理論を提唱している。彼らは「功利（ユーティリティー）」という言葉を使っているが、私は自分の理論を「報徳学」と名づけている。呼び名は違っているが、内容は同じである。(注6・2)〕

その後、岡田良一郎は、父左平治の跡を継いで倉真村《くらみ》の庄屋となり、遠州地方の各地に設立されていた多数の報徳社を結集し、明治四十四（一九一一）年、社団法人大日本報徳社を設立して初代社長に就任した。

二宮尊徳が創始した報徳仕法のやり方を自治的な協同組織として継承・発展させたのが報徳社であり、各地の多数の報徳社を総結集したのが大日本報徳社である。最も盛んな時期は千二百社を越えるほどであったが、今次大戦のあとは急速に衰退した。しかし、今でも百二十社余りがそれなりの活動を続けている。

二　鈴木藤三郎と豊田佐吉

明治以後の報徳社の運動に貢献した人として、もう一人、福山滝助がいる。福山滝助は、小田原の菓子屋の家に生まれた（文化十四（一八一七）年）。若い頃、天保十四（一八四三）年、尊徳の指導によって小田原に初めて報徳社が結成されたとき、その結成に参加し、それ以来、報徳社の活動を推進するため生涯を通して尽力した。

遠江国《とおとおみ》（静岡県）の今の袋井市や、周智郡森町、愛知県境いの引佐《いなさ》郡細江町から、奥三河（愛知県）の山吉田（鳳来町《ほうらい》）にまで足を伸ばして、報徳の運動を広めていった。彼が指導した報徳社の数は、二十五年の間に、百社を越えるほどになった。

福山滝助や安居院庄七らが指導した報徳社のやり方は、尊徳や富田高慶らが藩や村の行政の一環として行なったやり方とは違い、報徳の趣旨に賛同・共鳴した同志たちが、結社を組織したもので、現代の協同組合に近いものである。

さて、遠州《えんしゅう》森町出身の実業家・鈴木藤三郎（一八五五～一九一三）は、このような報徳的な雰囲気の中で生まれ育った人である。藤三郎は幼い時に菓子商の鈴木家の養子となり、家業に精励した。当時、菓子作りに必要な砂糖はほとんどが輸入品であったので、なんとか国産にできないかと苦心して、氷砂糖の製法を考案し、これがきっかけで、家業は栄え、さらにわが国での精糖業の発展に大きく貢献していった。大日本精糖会社の基礎を築き、国策会社・台湾精糖の初代社長となるなど、砂糖業界に貢献し、「砂糖王」と呼ばれるほどになった。

事業の発展と併行して、報徳についての学習を深め、それを自社の経営に活かしていった。至誠・勤労・分度・推譲などについても的確に理解しており、また、《お客喜び、我喜ぶ》という《自他両全の両得商法》をその基本的な経営方針に据えていた。

郷里に農林学校（現在の静岡県立周智高校）を設立して若者の育成にも尽力した。また、尊徳の遺稿類がバラバラのままで整理されていないことを知り、尊徳の孫の尊親《そんしん》の指導を受けながら、『報徳全書』にまとめ上げ、日光・今市の報徳二宮神社に奉納した。この『報徳全書』は、のちに昭和の初期に佐々井信太郎氏が『二宮尊徳全集』（全三六巻）を編集するときの貴重な資料となったものである。

ところが、事業が発展し、報徳の学習が進むにつれて、気のゆるみが出たのか、事業のほうが少し疎《おろそ》かになり、報徳にのめり込みすぎて、「いずれ、自分は、引退したら、報徳寺を建てて、そこの住職になる」などと言い出すようになった。

やがて、自分の会社から追われてしまい、それを挽回しようとして、醤油《しょうゆ》事業を計画し、積小為大の教えに背いて、一挙に大資本を以て急速に事業を展開し、かえって失敗してしまった。藤三郎の生涯の末路は哀れなものであった。かれは「私は報徳の教えに従って成功し、報徳の教えに背いて失敗した」と述懐している。

もう一人、報徳的な雰囲気の中で生まれ育った人に、トヨタ自動車の創業者・豊田佐吉（一八六七〜一九三〇）がいる。豊田佐吉は静岡県の浜名湖の西の山口村（現・湖西市）の出身で、父の伊吉という人が熱心な報徳の信奉者だった。福山滝助らの指導で山口村に報徳社が結成されたときも、中心的な役割を果たした。佐吉はそのような雰囲気を十分に吸収して育っていったのである。

父の伊吉が大工だったこともあり、道具や材料が身近にあったため、佐吉は小さいときから機械いじりが好きだった。それがその後のかずかずの発明につながっていった。豊田佐吉の生涯や業績については、中学や高校の教科書にも載っているくらいで、広く知られているが、その根底や源流に《報徳》があることは、余り知られていないようである。
豊田佐吉が亡くなったあと、豊田紡織（株）が昭和八年に刊行した『豊田佐吉伝』の中に次のような記述がある。

「尊徳の分度生活は即ち豊田翁の感謝生活であった。豊田翁が常に人に遇すること厚く、自己に尽くすところ甚《はなは》だ薄かったことは翁を知る人すべてが肯定するところである。……尊徳のいわゆる「推譲」、即ち分度生活を守るに要する以外の自分の力は、これを国家社会へ推譲すべきであるという精神は、豊田翁の奉仕生活によって遺憾《いかん》なく実行されたものである。まことに豊田翁こそは、尊徳の教訓を全身全霊を以て実践躬行《じっせんきゅうこう》した人である」

この佐吉の伝記を書いた人たちも、報徳のことをよく理解し実行した人たちだったにちがいない。おそらく、当時の豊田紡織の中には、そういう報徳的な雰囲気が色濃く存在したのではなかろうかと思われる。トヨタの堅実経営とか、無借金経営とかは、ずいぶん前から有名だが、おそらく、創業以来の報徳的な精神風土がその後も受け継がれてきたものと思われる。
トヨタの《かんばん方式》やTQC——トータル・クオリティ・コントロール、総ぐるみの品質管理運動——は世界的に広く知れわたっているが、これらの中にも、《勤・倹・譲》などの報徳の考え方が色濃くにじんでいるように思われる。

かんばん方式と並んで、もう一つ、よく知られたものに、「あんどん方式」というのがある。現場で何か問題が発生すると、《あんどん》（ランプ）の灯りがついて、それを合図に皆が集まってミーティングをやるのである。尊徳も農民たちを指導したとき、「芋コジ」というミーティング方式を活用した。桶に里芋と水を入れてコジ棒でゴロリゴロリとこじるやり方にちなんで名づけられたもので、村人たちの衆知結集や相互啓発をめざしたものである。なお、《芋コジ》については、第四章第十二節「《芋コジ》による集団的な啓発」を参照していただきたい。

報徳の理論と方法がトヨタの経営方式に具体的にどのように影響しているかについては、さらに精密な検証が必要であるが、少なくともその源流に報徳があることは確かなことである。

三　中央報徳会の指導者たち

明治以降の報徳の隆盛に対して大きな影響を及ぼしたものとして、『報徳記』と『二宮翁夜話』という二つの著作のことを挙げないわけにはいかない。まず『報徳記』だが、その著者は相馬藩士の富田高慶《とみたこうけい》で、尊徳の一番弟子ともいうべき人である。長年にわたって尊徳の許で実地の修行に励み、尊徳の信頼も厚く、尊徳の娘ふみの婿となり、相馬の仕法では中心人物として活躍した。

『報徳記』の草稿は、尊徳の死後、比較的早い時期に富田高慶が一気呵成に書き上げたものと伝えられている。伝記というよりは、報徳の精神を伝えようとしたもので、尊徳という人物も、報徳の精神を体現した人として描かれ、その報徳的な生きざまが活き活きと描写されている。

その後、明治維新となり、廃藩置県や地租改正などがあって、相馬藩として仕法を継続することが困難な情勢となったとき、高慶は仕法を継続できるように新政府の要人たちへの働きかけを始め、その説得のための資料として『報徳記』を活用することを考えて、修正の筆を加えた。

このような経緯をへて、明治十三（一八八〇）年、この『報徳記』の稿本が元相馬藩主の相馬充胤《みちたね》から明治天皇に献呈された。そして、このことがきっかけとなって、明治十六（一八八四）年、最初の『報徳記』が宮内省版として公刊され、その後、農商務省版や大日本農会版が刊行された。初めは農政関係の人たちの間で、さらには広く全国の人々に読まれて、大きな感銘を与えた。

やがて流行作家の幸田露伴が少年少女向けに『二宮尊徳翁』を書き――この中に《薪を背負って本を読む少年金次郎》のイラストが登場――かって『万朝報《よろずちょうほう》』などで日露戦争反対の論陣を張っていたクリスチャンの内村鑑三が『代表的日本人』（初めは英語版）の中で、尊徳のことを《農民聖人》として紹介し、尊徳の名前が海外にまで知られるきっかけを作ったのである。

『二宮翁夜話』の著者・福住正兄《ふくずみまさえ》は、相模国《さがみ》大住郡《おおすみ》片岡村（現在の神奈川県平塚市片岡）の名主・大沢市左衛門の五男として生まれた（文政七（一八二四）年）。父の市左衛門が片岡村の仕法のことで尊徳から指導を受けていたことが縁で、二十二歳のとき、二宮塾に入門した。その後、六年間にわたり、尊徳のごく身近に付き従い、尊徳が折にふれて弟子たちに語った説話を丹念にメモしておいて、のちに明治十七年から二十年までの三年をかけて、『二宮翁夜話』という著作にまとめ上げた。

福住正兄の『二宮翁夜話』と富田高慶の『報徳記』は、当時、ベストセラーのように広く読まれ、《報徳ブーム》ともいうべき状況を作り出して、各方面に多くの報徳信奉者を産み出していった。

このような状況の中で、明治三十九（一九〇六）年、「中央報徳会」なるものが結成された。これは官界や財界の要人たちを中心にして結成されたもので、三井・三菱・住友など財閥の大番頭が重要な役割を果たすことになった。

三井の大番頭・早川千吉郎（一八六三～一九二二）は、東京大学を卒業して大蔵省に入り、その後、日銀を経て三井に迎えられ、三井銀行専務理事となって、三井グループの発展に大きく貢献した。学生時代から報徳に関心を抱いて研究しており、中央報徳会が結成されたとき、初代理事長に就任した。中央報徳会の機関誌『斯民《しみん》』（《あゝ民よ》という意味）にもたびたび寄稿している。

ところで、話は前後するが、富田高慶には『報徳記』のほかに、もう一つ重要な著作『報徳論』がある。その序文で高慶は次のように書いている。

「先生の道は《至誠》を以て本となし、《勤労》を主となし、《分度》を体となし、《推譲》を用となす」

このことから、のちのち《至誠・勤労・分度・推譲》を「報徳の四綱領」と呼ぶようになり、広く流布された。

さて、早川千吉郎は、これについて次のように述べている。

「至誠とは英語でオネスティー（honesty）、勤労とはデリゼンス（diligence）、分度とはエコノミー（economy）、推譲とはサクリファイス（sacrifice）ということである。」

文明開化が進む中で、報徳のことを少しでも分かりやすくしようとする努力の跡を伺うことができる。

次に、三菱のリーダー・荘田《しょうだ》平五郎（一八四七～一九二二）は、三菱の経営方針を合理化近代化する上で大きな功績を残した。三菱は、土佐出身の岩崎弥太郎が明治新政府と密着した政商として、一代で築き上げた財閥である。海運、造船、保険、不動産、など、次ぎ次ぎと拡大していく事業や組織を近代的で合理的なものにする上で大きく貢献したのが荘田平五郎である。豊後《ぶんご》（大分県）出身の荘田平五郎は、幼い時から洋学を学び、やがて福沢諭吉の下で英学を学び、イギリス流の合理主義的な感覚を身につけた。また、友人・知人らの紹介で《報徳》のことを知り、この二つを上手に融合させた。入社した三菱合資会社の中で、この合理主義的な思想は大いに役立った。イギリス留学帰りの若者たちといっしょに、三菱を合理的で近代的な組織——のちに《組織の三菱》といわれるほどのもの——を造り上げていったのである。

彼は、また、従業員の福利厚生にも心を配り、従業員たちの相互扶助による共済制度〔現代の購買協同組合のようなもの〕、低利による貸しつけ、など、現代の社会保険制度に近いものを創設した。このようなところにも報徳の影響を見ることができる。なお、彼は中央報徳会の評議員としても、さまざまな活動を行なっている。

住友の大番頭・鈴木馬左也《まさや》（一八六一〜一九二二）は、東京大学の学生時代から報徳に傾倒し、のちに中央報徳会の幹事を務めている。道義を重んずる鈴木馬左也の言動は、早くから周囲の信望を集め、入社した住友の中で急速に重きをなし、住友本社総理事として住友グループを統率していった。

会社を経営する上での基本的な方針について、鈴木馬左也は次のように述べている。

「自分は徳を以て第一義としたい。即ち《以徳招利》(道徳的な経済活動を通して利益を招く)ということを信条として、すべての住友の事業に臨みたい。徳を先にして利を後にする、徳によって利を得る、ということである」

この基本方針は、鈴木馬左也の在任中、徹底して貫かれた。大正三年、シーメンス海軍汚職事件が発覚したとき、ほかの多くの会社が事件に関係して検察当局から追求されたが、住友だけは全く無傷だった。担当検事が「叩いてもホコリも出ない、とはこのことだ」と感嘆した、という話が伝えられている。

ところで、わが国の近代史は、昭和の時代に入って激動の時期を迎え、国策は急速に軍国主義へ傾斜していった。五・一五事件、満州事変、二・二六事件、日中戦争、南京占領、フランス領インドシナ進駐、真珠湾攻撃、シンガポール陥落……そして国民精神総動員運動……。そうした流れの中で、中央報徳会や各地の報徳会も、他の多くの団体や組織と同様に、軍国主義の潮流の中に飲み込まれていったのであった。このことが、たぶん、今次大戦のあと、報徳とか尊徳の名前が日本人の意識の中から忘れ去られた大きな原因の一つではなかろうかと思われる。だが、戦後六十年以上を経た今日、もう少し冷静に、尊徳そのもの、報徳そのものを見つめ直していい時期になっているのではなかろうか、というのが今の私の思いである。

四　その他の倫理的な経済人たち

大原孫三郎（一八八〇～一九四三）は、父の跡を継いで倉敷紡績の社長となり、自分の会社の事業を発展させたばかりでなく、中国銀行頭取や京阪電鉄重役などを務めて、関西財界における重鎮として活躍した。

彼は、若い頃、苦悩と精神的な放浪の中で報徳とキリスト教に出合い、この二つがその後の人生の指針となり、『報徳記』と『バイブル』は生涯を通しての愛読書であった。

企業経営活動のかたわら、社会事業や文化事業などにも幅広く活躍した。病院や孤児院を建てるなど、医療や福祉の分野でも大きく貢献した。彼の創設した大原社会問題研究所――のちに法政大学に移管――は、貧困の問題や労働問題などについても深く研究し、かずかずの斬新な提言を行なってきた。同じく彼の創立した大原美術館は、今でも多くの美術愛好家でにぎわっている。

荏原製作所の創業者・畠山一清（一八八一～一九七一）は、若い頃、鈴木藤三郎（本章第二

れ節参照）の許で働き、実業人としての心がまえを教えられ、報徳の精神をみっちりと仕込まれた。至誠・勤労・分度・推譲についてはもちろんのこと、鈴木藤三郎がつねづね口ぐせのようにしていた《自他両全の両得商法》という考え方を骨の髄までしみ込ませた。

その後、畠山一清は、ポンプ・メーカーの荏原製作所を設立し、かずかずの技術革新によって社業を発展させると共に、企業というものの社会的な役割や使命をよく自覚し、報徳的な堅実な社風を作り上げていった。

なお、《自他両全》ということについて、尊徳は次のように述べている。

「世界のうちで法則とすべきものは、天地の道と、親子の道と、夫婦の道と、農業の道との四つだ。これらの道はまことに両全のもの、完全なものであって、すべてのことは、この四つを手本とすれば間違いない。……さて、そこで、この道に法《のっ》とるならば、商売のしかたは、売って喜び買って喜ぶ〔売るほうも喜び、買うほうも喜ぶ〕ようにするべきだ。売って喜び買って喜ばないのは道ではない。買って喜び売って喜ばないのも道ではない。また、貸借の道も同様に、借りて喜び貸して喜ぶようにするべきだ。借りて喜び貸して喜ばないのは道ではないし、貸して喜び借りて喜ばないのも道ではない。百事すべてそうなのだ。（注6・3）」

「儒教では《礼にあらざれば視《み》ることなかれ、聴《き》くことなかれ、言うことなかれ、動くことなかれ》（『論語』顔淵編《がんえんへん》）と教えるけれども、平常のそなたたちの実行の上では、それでは間に合わない。だから私は、わがためになるか、人のためになるかでなければ、視ることなかれ、聴くことなかれ、言うことなかれ、動くことなかれと教えている。(注6・4)」

渋沢栄一（一八四〇〜一九三一）は、明治から大正、昭和初期にかけての実業家である。埼玉県の農民の出身だが、幕末に幕臣となり、幕府の使節に随行してヨーロッパ諸国を巡り、西洋の事情を視察した。

明治維新後、新政府の大蔵省に入り、財政制度や銀行制度の整備などに従事したが、明治六（一八七三）年に退官し、その後は民間人として、第一国立銀行をはじめ、大阪紡績会社、日本郵船、王子製紙など数多くの会社を設立して渋沢財閥を築き上げ、実業界の指導者として活躍した。

晩年は社会事業にも尽力し、済生会や慈恵会などを設立し、また東京商科大学（現・一橋大学）を創立して、実業教育にも貢献した。また、「道徳と経済の調和」ということを主張し、《うそをつかない》《道理に適った利をめざす》《私利と公益を一致させる》などを強調した。そのため、彼の理論は「論語算盤説《そろばんせつ》」「義利両全説〔正義と利潤を両立させる〕」などと呼ばれている。

ところで、渋沢栄一と報徳との関係については、次のような話が伝えられている。明治維新になって仕法を継続することが困難になった相馬では、なんとか仕法を継続させたいと、富田高慶を先頭に新政府の要人たちへの働きかけを進めていた。

明治五（一八七二）年三月、富田高慶は政府の大立物・西郷隆盛を訪ねて、仕法の継続を嘆願した。西郷は以前から尊徳や報徳のことをよく知っていて、相馬の要請を快く承諾し、各方面への説得を約束してくれた〔ついでながら、維新前、薩摩藩は日光仕法への視察団をたびたび派遣していた〕。

そして、西郷は大蔵官僚の渋沢栄一を私邸に訪ねて、相馬の要望を伝えた。けっきょく、この会談は不調に終わったが、席上、渋沢は「自分は報徳のことはよく知っている。その興国安民法が良法であることも承知している」と語っている。渋沢栄一がどの程度に報徳を理解していたかは判然とはしないが、後年の彼の著作や講演の記録などを見ると、それなりに報徳に関心を抱き学習していたことを読み取ることができる。それに、彼は儒教に造詣が深く、尊徳も儒教からは大きな影響を受けているので——報徳はけっして儒教の中の一派ではないが——両者の間には共通点も多いと見てよいであろう。

三重県鳥羽《とば》の真珠王・御木本《みきもと》幸吉（一八五八〜一九五四）は、若い頃、日光・今市を旅したとき、尊徳のことを知って大きな感銘を受け、「自分は海の二宮金次郎になるのだ」と発奮して、苦心の末に真珠の養殖に成功した。その後、フィラデルフィアでの万国博覧会に真珠を出品して、《世界の真珠王》とまで呼ばれるようになった。

事業に成功してからは、地元の地域活動などにも尽力し、道路や橋の改修工事などに資金を出すだけでなく、自ら労力奉仕も買って出たりした。
神奈川県栢山《かやま》の尊徳の生誕地を訪れたとき、その跡地が荒れ果てているのを嘆き、一帯の土地を買収して中央報徳会に寄贈した。現在、尊徳の生家は復元され、その隣りには小田原市が所管する尊徳記念館が建てられ、地元の人たちに親しまれている。

以上に紹介した人たちのほかにも、尊徳の影響を受けた経済人は数知れず存在する。ここではごく一部を紹介するにとどめた。

【第六章の注】

（注6・1）『二宮尊徳全集』三巻九一三頁

（注6・2）岡田良一郎『報徳学斉家談』

（注6・3）福住正兄『二宮翁夜話』一〇一

（注6・4）『二宮翁夜話』二九

【著者紹介】大貫　章（おおぬき　あきら）
1958（昭和33）年、東京大学文学部卒。同年TBS入社報道局勤務。その後、坂本藤良経営研究室・産業能率大学経営管理研究所を経て、1968（昭和43）年以来、産業教育トレーナーとしてリーダーシップ訓練・問題解決訓練などに従事。その間、江戸時代の篤農家・二宮尊徳の生涯や業績・思想などの研究に取り組む。2001年、報徳博物館評議員に就任。「二宮尊徳の業績と思想」「報徳仕法の理論と実際」「今も生きる報徳の教え」などのテーマで執筆や講演に活躍。国際二宮尊徳思想学会会員。
〈主な著書〉
『報徳に生きた人　二宮尊徳』（ABC出版）、『報徳における道徳と経済』（「モラロジー研究」）、『二宮尊徳の業績と思想』（埼玉自治）、『宇宙の膨張と二宮哲学』（相馬市教育委員会）、『OJTと職場経営』（産能大学出版部）、『参加型研修の進め方』（産能大学出版部）、『ブレーンストーム会議術』（中央経済社）、『ビジネス知識辞典』（中央経済社）、『意欲づけに成功する法』（ダイヤモンド社）、『ビジネスマンの戦略戦術』（講談社、共著）、『燃える集団の作り方』（こう書房）、ほか

住所　〒188-0013　西東京市向台町4-20-3
TEL & FAX 0424-65-2163

二宮尊徳に学ぶ経営の知恵　〈検印廃止〉

著　者　大貫　章

発行者　栽原敏郎
発行所　産業能率大学出版部
東京都世田谷区等々力6-39-15　〒158-8630
（電話）03(6266)2400
（FAX）03(3211)1400
（振替口座）00100-2-112912

2006年6月30日　初版1刷発行
2010年2月5日　3刷発行

印刷所／渡辺印刷　製本所／協栄製本

（落丁・乱丁本はお取り替えいたします）　ISBN978-4-382-05559-9